# でんでこでん

## 都電エレジー

田村 徳次

文芸社

# 目次

# はじめに

一九八一年元旦の朝は晴れわたって、祝日らしく太陽は輝いていた。ここは新宿区の中央に位置づけられた、新宿区新宿七―一―一六のわが家である。なつかしい旧名は東大久保二―二一九番地。一九七七年頃か、住居表示変更によって現在の番地となった。妻が自慢の雑煮で新年を祝う。健康だけは去年から今年に持ち越した大財産である。元旦の心積もりは、振り返った八十年はどんなものであったか、こんなものであったと、今日までの自分の人生を綴った原稿に手を入れ、総仕上げをすることである。こうして数年来にわたり書いてはけずり、けずっては書いた幾百枚の原稿をもとに修正し始めた。

厳しいこの方の政治圧迫によって、一千万人の高齢者は、退職者も含めて年金生活を脅かされ、八十年使い古した体の修繕を頼む医療もやがては有料だぞと、心身を揺すぶられている。思えば今ペンを走らせているこの家も、借地であるばっかりに河田町の簡易裁判所で調停の係争中で、いつ決着するやら不明である。

生前、父がため息混じりに語った貧乏話は、現在の私まで連綿と続いている。これまで、幾度か住居が変わり、世の中も移り変わった。その移り変わりの影のように時の政治、行政も移り変わっていった。いや、事実は、これに引きずられるように私の生活の方が変化せざるをえなかったわけで、辛いせつない思い出がこの紙面にも登場してくる。

頭《こうべ》をめぐらせば徳川三百年、幕政当時の封建的政治社会の構造は、民主主義が謳《うた》われる今日でも、依然として政治の仕組の中にすかし絵のように刷り込まれている。私たちの祖先も、察するに余りある苦難の道を歩かされたに違いない。伝え聞く徳川慶喜大政奉還の前夜から、鼓笛を鳴らしての「宮さん宮さん」の行進曲は、錦の御旗を仰ぐ当時の庶民にとっては、当初、解放軍のごとく目に映り、耳に響いたはずであった。

慶応が明治となり、大正、昭和と年号は変わったが、祖先も父母も私も、他の庶民と共に生活の苦しみからは解放されなかった。父母は働くだけで、この間のことを伝える一文の記録も残さなかった。それだけに、移り変わる世に生きてきた証《あかし》を、文才はないけれど何かの形で記《しる》しておくべきだとペンをとった。当初の意向は労働編、都議会編の二編であったが、文法、飾言も知らず、あれもこれもとペンが走るうちに膨張し、労働編だけで長々とこんな一代記となってしまった。

# 序文

一九七五年十月十五日、日比谷野外音楽堂において日本労働組合総評議会（総評）主催の全国高齢者退職者の中央集会が開かれた。これは九・一五の一万人大集会の後を受けた実践行動、すなわち国会請願のデモ隊であった。私はこの会の議長に命ぜられ、全国高齢退職者会会長桜井資浩氏や、もうがまんならん隊の古宮会長等と会を司ることになった。

総評は参加者六千人と報じていた。壇上から見ると、一都一道三十七県の代表者が桃太郎旗やお稲荷旗を押し立て、禿げ頭の滑り止めのような思い思いの鉢巻をして集会を踊らせていた。前列にはなつかしい群馬県の代表達が十数名陣取っている。ふと故郷のことを思い出すと同時に、この人達も私と同じように〝富国強兵〟〝文明開化〟の御託宣に、幼少年時代から青壮年期にかけて、それぞれの立場、それぞれの職場において教導されてきたに違いない。彼等は、日本近代史の中にある日清、日露の戦争や日中戦争、さらには第一次、第二次世界大戦にあたら大切な命を捨てさせられた、一番気の毒な人々の次に数えられる、悲しい過去を持つ人達だと思った。

私は議長団を代表して、幕開け議長として次の挨拶をした。

「われわれは物資欠乏する戦争の渦中に生まれ、成人するまで戦禍の谷間に生きてきた。日清、日露の戦いがそれである。顧みてこの二大戦争で台湾、樺太を奪い、そして朝鮮を併合して植民地とし、楽しく豪華な生活をしてきたのはどこのどいつであったか。全ての国民はおびただしい戦費と勤労を背負わされ、農民は猫の額ほどの土地も与えられなかった。現在、政権を握る人達の中に、この罪科を感ずる系列の人間が生きていたなら、罪滅ぼしのためにも現在の老人を救うべきである。いずれにせよ日本は、来るべき二十一世紀の足音がかすかに耳に響く今日以降は、世界最大の老人国を指向している。従って、高齢者対策は政治、行政の一大課題である。

しかし、万年与党たる自民党政府は、これに対して無策であるばかりではなく、あえて既存の福祉の切り捨てさえ仄《ほの》めかしている。かかる政情である限り、高齢者は手を握りあって退職者と共に安心した老後を勝ち取り、将来の老人のためによりよき実績を打ち立てねばならぬ」と挨拶を結んだ。喝采はなく、うなずきのみを見た。

一九七一年、総評が高齢者問題を現職労働組合の闘争目標に掲げて以来、社会党をはじめおよそ革新を名のる政党は、一斉に政治の一大課題としてこれに同調し、活動を開始した。しかし、かつての宰相池田勇人の『貧乏人は麦を食え』と放言した、弱肉強食を基調とする自由民主党の政権下では、だれが首相の椅子に腰を乗せてもその基調を変えることはないであろう。

国民よ、庶民よ、活眼をもって過去、現在、未来を悟り、〝政治は生活なり〟の標語の下に結集し、革新の実を結ばせようではないか。

# 第一章　悪童だった少年時代

私の生まれた村は、群馬県碓氷郡原市町大字郷原（現在の安中市）の国道十八号線（中山道）沿いにあった。北には榛名山、西に妙義の奇形山、そして遠く西北には浅間山が天明三年より煙を吐いて、俗に言う浅間嵐を関東平野に吹き降ろしている。これが上州名物の空っ風である。南はいくつかの起伏を越えて、埼玉県の秩父連山が荒船山脈に達している。春霞のたなびく頃は、近くの山を従えて、まさに長閑《のどか》な眺めのところであった。

私がこの村に生まれたのは一九〇一年（明治三十四年）三月十日と聞く。父母の勝手で十日遅れて三月二十日、福松次男田村徳次と命名されて届けられた。

ものごころのつく、たしか五、六歳頃だったと思う。黒い大きな鳩の張りぼてが役場の人や村人たちの手で作られ、荷車に載せられ、行進していた。日露戦争の勝利と戦果を祝うデモンストレーションだったというが、そうするとあの黒い鳩は、露将クロパトキンを象徴していたのであろう。

そのころ母は私を連れて、裏の畑へジャガイモや大根をとりにいくことが多かった。たまたま近所のおばさん達と話していた母の言葉の中に、「子供達に米びつの音は聞かせたくないからね」

という台詞があった。当時の私にその意味がわかるはずがない。それが貧乏と物資欠乏を物語る会話であったことがわかったのは、かなり時を経た後であった。米びつの音は、空になった時、幾粒かをかき集める時に発する音で、当時の母の手と心労が胸に浮かび、目に甦ってくる。

裏の畑は一反歩（約十アール）、宅地を合わせて、一反五畝（約十五アール）、すなわち四百五十坪（約千五百平方米）であった。ある日、宅地と畑の間に境界の溝が掘られた。子供ながら不審でならなかった。去年まで母と一緒に、父の編んだ竹籠を下げて、母がとり手、自分がもち手で仕事に励んでいたのに、見れば畑はよそのおじさんが耕している。近所の大金持ちの、桜井という醤油屋の九さんであった。何で九さんがうちの畑にいるのだと母に聞けば、母は悲しそうに、借金のために取られたのだと答えた。父は非識字者であったため、隣家の田村仙三郎の借金に保証人の印を押していた。田村仙三郎は金六拾円を借りながら証文の「金」と「拾」を離して書き、わずか十円だと父を欺き、捺印させた後「六」の字を挿入した。そして数年後、元利金を支払わないままどこかに蒸発してしまった。そのために父の所有していた畑も田んぼも保証の責めを負って他人の手に渡ってしまったのである。

他人に取られたということが理解できないまま七歳になり、いよいよ小学校に入ることになった。父はこの一件で非識字者なるを悔やんでいたので、私の入学を大いに喜んだ。母が買ってきた鉛筆を削りもせず、早く書いてみせろと言ったのは一年生の終わり頃であった。人家を改造し、明治の教育令に取り急ぎ間に合わせた学校らしからぬ代物であったが、看板だけは立派で、原市尋常小学校郷原分教場と墨痕鮮やかに掲げてあった。

自宅から七キロも離れていたその本校に、数え年八歳の身で通学し始めたが、二年生になると、わが家の前に分校の新築が決まり、工事が始められた。今度できる分校は目の前なのにとうらめしげに毎日工事の進展を眺めながら、本校へと下駄を減らし続けた。

この分校の敷地は、幼年の頃から親しみ愛されたお春婆さんの屋敷の跡地である。引っ越し前のお婆さんの屋敷は、かつては父母に叱られた際の避難所でもあった。あれは、お春婆さんが引っ越す前のことであった。父は貧しかったので、遠い本校に通う相応な用意はしてくれず、雪が積もった時には仕方なく竹馬で通ったのだが、それさえも、足袋の股が早く破れると何度となく叱られた。

ある日、草履《ぞうり》のように板状に擦り減った下駄が、寿命尽きて割れてしまった。思った通り、新しい下駄は買ってもらえなかった。母から今日一日だけだからこれを履《は》いていけと履かされた下駄は、昨日割れた下駄の片方と、赤い鼻緒のついた姉の古下駄の片方であった。子供心にも恥ずかしく、履いてはみたものの学校に行く気にはなれない。百メートルばかり離れたところに、機《はた》屋《や》の屋敷跡があり、すでに桐畠に変わっていた。奥の竹藪の脇に古い土蔵が気味悪く残っている場所である。下駄の恥ずかしさで学校を休み、さびしいこの土蔵の陰で半日を過ごし、みんなが帰る頃を見計らって家へ帰る積もりで、大きな石に腰掛けて、今朝母がこしらえてくれた竹皮包の握り飯を食べながら、いつかはばれてしまう欠席の理由を、父母や先生にどう説明するか心を沈ませていた。

幾百年前からあったか由来のわからないこの石は、今でもきっとあると思う。腰は掛けさせてくれたが、その時の苦しみをやわらげてはくれなかった。さびしさは倍加して途方に暮れてくる。折柄、薪《まき》を背負ったお春婆さんが細い坂道を上がってきて、お前はどうしてこんなところに一人でいるのだと咎《とが》められ、下駄の話を涙を拭き拭き話したら、婆さんも頷《うなず》いて、お母さんにあやまってやるからついて来いと助けられた。

分校が竣工したのは一年後であったが、二年生までしか収容できなかったため、すでに三年生になっていた私はとうとう入ることができなかった。

三年生の担任は、痩せた背の高い、眼鏡の底から生徒を睨む、見るからに神経質そうな忰田《かせだ》先生だった。安中の上の尻から通勤するこわい先生だと定評があり、教壇から眼鏡越しに見下ろし、拳固をこしらえては振り下ろすのが常だった。この先生には二カ年間教えられたが、毎月一、二回は鉄拳を見舞われた。もっとも自分も悪童に数えられていたから、仕方がないと諦めもした。

ある二月の寒い日に、悪いことをした科《とが》で、須藤竜吉という悪童仲間と北側の廊下の外で立ち番をさせられた。授業はさっき終わったらしく、児童達は校庭で遊び始めている。向こうの五、六年生のいる二階建ての校舎でも休憩時間を楽しんでいるのが見えた。二人は立ち番を命ぜられたまま忘れられていた。校庭の学童達が、立ち番の姿を指して嘲り笑っているのが許せなかった。腹が立って竜吉に話しかけた。「オイ竜吉、向こう側の二階の校舎に向かって首を吊るまねをしようよ」

六年生の受け持ちは高木和三郎先生で、碓氷郡松井田町から通う親しみのある先生であった。相談はたちまち成立した。炭俵の荒縄を解いて雨樋《あまどい》の支え金にひっかけ、首にゆるく巻いてぶら下がるかっこうをした。

　二階の教室から見下ろしていた高木先生はよほど驚いたらしく、素足で駆けつけ、何をするのだと一喝して縄をはずし、忰田先生に引き渡した。忰田先生の驚きはなおさらで、言葉も出ない有様だった。
　五、六年生時代は高木先生の教鞭下になったが、六年生になったある日のこと、授業中に例の竜吉と相携えて無断早退して競馬に行った。当時、草競馬が流行し、学校の裏にある明神様の境内にも常設の馬場があった。といっても、ただ円形に杭を打ち、縄を張り巡らせただけの馬場で、馬も競走馬とはほど遠い、近隣の百姓馬や荷馬車馬である。逆の方向に走るやつがいるかと思えば、牝馬の尻につけば絶対に追い越さない馬もいる。去勢しないまま成長してしまった馬が多かったからだ。草競馬はおもしろかったが、覚悟の上とはいえ、あくる日がこわかった。温厚な高木先生もさすがに怒り心頭に発していて、案の定、廊下で立ち番の刑に処せられた。が、先生は授業をしながら横目使いに監視の目を光らせていた。前科者二人である。また首吊りの術を使うのではと内心ひやひやしていたのに違いない。
　週に一度は掃除番が回ってくるが、その日は、父の手伝いがあるからと言って免除され、その実、碓氷川に水浴びに行った。悪いことはできないもので、相撲を取っているうちに捻挫して、友達に背負われて帰宅し、父母に叱られ、結局先生にもばれてさんざんにしぼられた。父は怒りながらも、柔道の先生もしている同職の知人に治療を頼んでくれた。しかし、この後遺症でその後右足の甲に腫物ができて、また医者騒ぎ。父は気の弱い短気者で、常に泣き言を言っているので、名前の福松から一字取って、泣き福とあだなされていた。このときも父は、親の恩が返せるかと背中の私にぼやきながら医者まで私をおんぶして行った。家に帰った途端の父の八つ当たりは夫婦喧嘩に発展し、筋向かいの猪之八じいさんが仲裁に入る始末である。こんな具合だから、近所でも私に対して、暴れん坊の悪評がそろそろ出始めていたらしい。

あるとき、生意気な悪童から徳坊の家もずいぶん生んだものだなあと、父母の多産を揶揄《やゆ》された。私も十三歳になっていたからその意味が分かり、顔が赤くなった。父母は女八人、男四人を生んだのだから、揶揄されても仕方がなかった。しかも、中には粗製乱造と言うべきか、成人せずに消えたのが四人もいた。私は九番目に生まれた次男坊で、長男は一歳で消えた。姉は七人もいた。貧乏育ちの頃、兄は早世して幸せ者だと思ったこともある。

母は加賀百万石の城下町七尾と輪島との中間に位置する中島村という一漁村で、回船問屋を営む大野太造の長女に生まれた。一人娘として七歳までは蝶よ花よと育てられた。が、世は明治となり、鉄道網が発達拡充されるに及び、回船業は凋落の一途をたどる。家業は倒産し、祖父は二号と共に姿を消した。取り残された母と祖母は、百里の道を越え、群馬県碓氷郡東横野村大字鷺宮の中島源蔵のもとに子連れで嫁いだ。祖母の再婚で、母は中島家の養女となり、わが父のもとに嫁いだのは、義理の弟妹が生まれた頃であった。思えば不幸な人生を歩まされた女性である。

男が十三歳になると親の手伝いをさせられるのがこの土地の風習である。農事はもちろん、養蚕用の籠作りにも動員された。群馬の西部は長野県と並んで養蚕の盛んなところである。わが家では母が片手間に飼う程度であったので、時期になると他家へ日雇に出された。十五歳ともなると土木作業の手伝い、鳶職や左官屋の助手など、様々な雑用にかり出された。村人からもまた、使いやすい小僧だと重宝がられ、あちこちから声がかかり、忙しい日が続いた。こうして幾ばくかの手間賃を母に預け家計を助けていた。

十六歳になると前述の製糸工場へ、一日三十五銭の賃金で勤めることになった。しかし、自前の繭を糸にしていたため、操業がない日もあり、そんな日は賃金をもらうことはできなかった。したがって、一月《ひとつき》の収入は不安定なものであった。

正月が終わると共同で購入した雑木林を伐採し、薪にし、出資額の口数によって案分し、山坂を背負って帰る。もちろん、十六歳頃までは半人前にしか扱われなかったが、踏ん張った。貧乏人は幾口も購入できなかったので、一年分の薪を手にすることはできない。やむなく他人の山の枯木を探して伐《き》る。ある時高い木に上り、枯れ枝を伐り損じて手首を傷つけ、自分でも驚いて木から滑り落ちてしまった。血が噴き出した切り口を手拭でしばり、傷にもめげず取った薪を背負って帰った。無知な父親には衛生観念はなく、医者に見せずに石油をかけて洗う荒療治。それでも一カ月ぐらいで治ったが、八十歳の今日でも傷跡が残っていて、当時のわが身を物語っている。

# 第二章　姉あきの縁談と破談

そのころの家には姉が二人いた。上から四番目の姉は〝あき〟と言って、田舎娘としては小ぶとりのかわいらしい女であった。あれは実業補習学校に入る前だから、小学校卒業の前年の秋のこと。私が軽井沢へ修学旅行に出かけるときであった。一度も被ったことがない学帽をこの姉が買ってきてくれたのである。今でも忘れられない嬉しさであった。この姉も結果において働きのにぶい夫を持ち、不幸な運命の持ち主となるが、姉の中では一番の人情家で、数々の思い出がある。

姉は、絹糸を収集して横浜港へ送ることを仕事にしていた碓氷社に勤務していた。当時絹糸は茶と並び、外貨獲得に貢献した一級の商品であった。勤務場所までは約十キロはあったであろう。そのために、朝早くから食事の支度と弁当作りに追われ、それに加えて、若い娘の朝の行事、化粧がある。弁当のおかずにと姉がサンマを焼く朝は、鼻が刺激されてどうにもたまらなかった。姉は、弟と寝床から首を出してうらやむ二人の姿を見て、半分ずつ分けてくれたことが二度ほどある。海のない上州西部は、魚類といえば塩ザケぐらい。それも正月かお祭りのときだけで、サンマなどにありつけることはめったにない。その後この姉はサンマを焼かなくなった。察するに二人の弟の羨望の様子を見て哀れを感じて、職場で焼くようにしたのであろう。

いま一人の小さい方の姉は、サンマの姉より六歳下で、彼女もまた、前述の工場で自前の繭や依頼された繭を絹糸にしていた。色は父に似て浅黒いが、背は高く、鼻筋の通った女で、村の若衆のうわさにのぼる資格を備えていた。異性がほしい年頃なのか、「カチューシャの唄」から「小さい鉢の花バラが」まで、数々の恋歌を口ずさんでいた。大きい方の姉だけでも早く嫁に行ってほしいと願っていた。

# 第三章　父の死、続いて母も倒れる
## ――困窮と闘いながらの徴兵検査

私の村では十六歳ころになると、青年団に入団すると同時に、若衆の仲間入りとして浄瑠璃義太夫を習う習慣があった。が、父は許してくれなかった。というのは、父は体が衰弱し始め、職人としての働きができなくなってきたために、義太夫を習う時間があるならばその時間を使って、私に自分の代役を務めてほしかったからである。心配して医師の診断を受けさせたら慢性腸カタルであった。だんだんと衰弱して行ったのも当然である。

父の好物はすいとんであった。私が、医師の命ずるままに「おかゆ、おかゆだよ」とやかましく注意するので、母は私が野良に出たすきを見ては、夫婦の情ですいとんをこしらえては食べさせていたらしい。たまたま野良から早帰りした時、父がすいとんを食べている最中にぶつかった。それを見た途端怒りが爆発し、「お母さん、医者がおかゆと言っていたのに」と怒号した。母は、「食べたがっているのだから、一度ぐらい食べさせてやっておくれ」と哀願する。夫婦の愛情故ということは後日になってわかったが、そのときは怒りの方が先であった。悪いと知りながら食べさせるのも愛情なら、それを阻止するのも愛情からであった。病父はひがんで、「徳次、おまえは親の口までふさぐのか」と言って怒ったが、その父も大正八年六月二十四日、悲しくも世を去った。息を引き取る間際まで私の名を呼ばず、「清造かやあ」と、弟の名を呼んでは視力のない眼をめぐらしていた。私は、すいとんの一件以来父の目の敵にされたのが、今なおくやしくてならない。弟の清造は父の存命中から要領がよく、私が村の若者達と夜遊びから帰っても、懸命に縄をなったりわらじを作ったりしていた。私の方はすいとん事件が禍して、死んでいく父にうとんぜられ、これも因果のうちかと諦めつつも、今でもわだかまりを残している。しかし一方では、どうせ死んでしまうのだったら、下手な注意をするより好きなすいとんを心ゆくまで食べさせてあげればよかったかなと、先に立たぬ後悔をかみしめもした。

当時まだ十九歳の未成年ではあったが、母が後見人となって、私の家督相続の手続きを取り、男系の男子これを相続するという明治憲法の掟に従った。財産家の相続なら金科玉条の旗印であったが、貧乏人の相続は、未成年の弟妹の責任まで背負わなければならない、まさに迷惑千万であった。おかげで夜遊びもできなくなったわけだが、選手交代とばかり今度は弟の清造が、月の夜も闇の夜も、雨の夜まで欠かさず夜遊びに精励した。母は、「清造のやつ、親父が死んだらこわいものなしで夜遊びに夢中だ。要領のいいやつだ」とこぼすことしきり。もっとも夜遊びといっても、近所の駄菓子を売る店に集まるだけで、村の周辺の娘達や野郎共のうわさ話をする程度の他愛ないものである。好きな娘に会えるかもと淡い期待を抱いてもいた。

あるとき母に、「お前もつまらないだろうから、若い衆に混じって義太夫でも習え」と勧められ、遅まきながらの仲間入りをした。稽古は農事が暇になる二月から始まった。隣村の丈太夫という素人に毛の生えた程度のじいさんが、これをやりなさいと貸してくれた稽古本は「玉藻前《たまものまえ》曦袂《あさひのたもと》」

の三段目、道春館之段であった。

いよいよ稽古も終わって、三月十五日の山王山日枝神社の春祭にお浚《さら》い会を催すことになった。当日は三味線弾きを頼んで、三歳年下の須賀鹿之助さんの家を会場にした。鹿之助さんが習っていたのは御所桜堀川夜討弁慶上使之段である。八人いた稽古仲間のうち、私と琵琶之久保の萩原貞作がいいとの評判であった。はたせるかな前評判通り、貞作の朝顔日記宿屋之段と私の袂道春館之段がよかったと誉《ほ》められた。しかし、今思い直せば、二、三回しか合わせなかった三味線である。間も何もあったものではなく、こちらも三味線が邪魔になって仕方がなかったが、眼の見えない三味線弾きの方も合わせるのに困り果てたようで、まさに始末の悪い浚い会であった。

年改まって二十歳になった。父が死に、家計はいよいよ行き詰まった。ため息をつくことの多くなった母と相談し、口減らしのために十八歳の弟と十四歳の妹を奉公に出すことにした。体格にすぐれ、力のある弟は、同じ村の碓氷川のほとりにある水車米つき場の萩原金平に預けた。弟の仕事は、村の内外から依頼される穀物をつき、粉をひき、それを馬の背に載せて集配する、俗にいう〝はまつけ〟である。妹は、近所の娘の嫁ぎ先である麻布十番の山根食堂に雇ってもらった。一人残っていた姉は、世話する人あって、東京本郷赤門前の井上医療機械販売業の店員、上原六郎に嫁ぎ、本郷区東片町に住むようになった。しかし、薄給のもとで一児を産んだため、肥立ちが悪く、親子ともに世を去った。行年二十五歳の女盛り。思えば哀れな生涯であった。

## 第三章　父の死、続いて母も倒れる
## ――困窮と闘いながらの徴兵検査

家には母と私だけが残った。家計は楽になった。しかし来年には徴兵検査が控えている。合格しないことを母と共に祈り、近所の人達もそう願ってくれた。そんなある日、筋向かいに住む村の有力者で、役場の戸籍係の須藤兼七の娘が危篤だとの知らせを受けた。常日頃お世話になっている家の一大事とあって、母は取るものもとりあえず、大急ぎで駆けつけて行った。私は須藤家の親戚に知らせるべく、松井田に近い琵琶之久保に知らせに行ったのだが、その帰り道、大欅《おおけやき》という所で、自転車に乗った人が大声で私に呼びかけてくる。「徳ちゃん、驚いてはいけないよ」と前置きして、「早く家に」と急がせる。母が兼七さんの家で倒れたとのこと。母は近所の人達に担がれ、学校の留守居のおばさん達の世話で床に横たわっていた。

母は脳溢血で、左半身が不随になった。母の看護は私一人だ。嫁に行った姉達が来ても長くはいられない。途方にくれたとはまさにこのときのことである。母は男の子に下《しも》の始末はさせたくない思いやりで、自由を失った身で始末しようとして、却って始末の悪くなることもしばしばだった。母は口がきけるので、「徳次、すまないすまない」と泣いていた。

汚物は父の編んだ籠に入れ、四キロ以上もある曲がりくねった畑道を通って、碓氷川へ洗濯に行った。二月の寒い日であった。川面には薄氷が張っていて、手を切られるような冷たさに、しぼる手は感覚を失った。洗濯物を籠に入れ、雪解けの野道を家路へ。しぼり足りなかったのか、しずくが体に伝わって来て、身も心も冷え切ってしまう。帰宅してから待っているのは母と自分の食事の支度である。希望のない、まさに底辺に生きる苦しみが続くうちに、やがて数えで二十一歳の春を迎えた。みすぼらしい門松を柱に打ちつけ、いただいた餅で正月らしからぬ正月を過ごした。

明治憲法の掟の中に、納税、教育と並んで徴兵の義務があった。私は大正十年三月二十日で満で二十歳の適齢期となり、その年の春の終わるころ、徴兵検査を受けることになった。届けられた通知書には、指定した日時に群馬県碓氷郡安中町所在の郡役所へ出頭せよと書かれていた。

この検査を受けて初めて、世間から一人前の成人と認められ、大人の仲間入りをしたと祝福されたものである。検査場には、慣例にしたがって、沐浴し、紋付羽織の和服正装で行かなければならない。そんなぜいたくな着物はなかったから、母の言葉に従って本家に借りに行った。紋付羽織には通常五つ紋と三つ紋とがあったが、本家で貸してくれたのは何と一つ紋であった。しかも、ひいじいさんがいつこしらえ、いつ着たのかわからない、地の色が褐色に、紋の色も黄色に変色してしまっている古色蒼然たる代物であった。いよいよ検査場へ行こうとする前夜、兵事係も兼務していた前記の須藤兼七さんが、「合格しなければよいがなあ」と私の家庭の事情を察して言葉をかけてくれた。「もし甲種合格になっても、輜重輪卒《しちょう》なら三カ月で除隊できるが」と教えてくれた。その兵科は、人夫として前線に荷物を運ぶ役割で、世間では蔑視していたが、実際はその兵科に配属となることを望む人の方が多かった。私自身も病母臥床《がしょう》の現実もあって、無論、その兵科への配属を願った。

検査はいかめしい軍医を中心に行われる。検査場には板の上に手をつくところと足を踏ん張るところの印がつけてある。目や耳の検査が済むと、素裸となり、板の印どおりにポーズをとる。検査官はまず肛門をのぞき、次に性器を強く握る。受検者の中には早くも異性と接し、性病に感染していて、このばかやろうと尻をぶんなぐられる者もいた。貧乏人の私には、そんな贅沢は望むべくもなかったので、そんな仕打ちを受けることもなかった。身体の計測結果は、背丈五尺二寸（約百五十八センチ）と小柄で、体重も十四貫（約五十二キロ）しかなかった。それでも、非栄養的な食生活に加えて心身ともに疲労し続けていたわりには、よくここまで成長したものだと我ながら感心してもいたのである。検査官も声を上げてよろしいと褒めてくれた。こうして、最終の結審場で甲種合格の印が押されてしまった。郷原村の合格者は、私の他に二名であった。検査直後はいささか鼻が高かったが、帰宅して母の顔を見た途端、心は暗転してしまった。悄然として眺め、眺められる母の顔。入隊は覚悟してみたものの、今後この母をだれがみるのかと、思いが胸につかえてきた。

大正十年、世界軍縮会議が開かれた。第一次世界大戦の終結とともに軍縮が叫ばれ、会議開催の運びとなったのである。わが日本は海軍のトン数と陸軍の師団兵力を削減された。明治三十七、三十八年の日露の戦いに、東郷平八郎元帥とともに勇名を轟かせた旗艦「三笠」も、このときから置物になった。この影響で私は陸軍補充兵に編入されることになった。いわばくじ逃れであった。しかし、交付された証書をよく見ると、現役兵補欠見込みと角判がすみ黒々と押されていた。兵事係に尋ねると、病気、死亡その他の理由で欠員が生じることは必ずあることで、そのときは補欠補充となるので心得ておくようにとのことであった。ぬか喜びであった。もはや絶望、重大な局面が待っていた。已むを得ず身の回りの整理に取りかかった。

父の借金は、製糸工場のわずかな小口株券や農具の売却金で支払った。ありがたいことに俗に言う百両のかたに編笠一蓋で、ほとんどの人がまけてくれた。残った分は除隊後働いて返す話でけりをつけた。母の看護には東京麻布に奉公に行った末妹を呼び戻し、生活は水車屋で働く弟や、嫁いだ姉達の援助に頼り、後ろ髪をひかれる思いで入営を決意した。ところが資本主義社会を守る徴兵は、よけいな支出はしないという方針が確立されていたのである。私を徴兵すれば病母を始め、未成年の弟妹に対する生活扶助料が国庫支出となる。そんな金を払わなくとも、一銭五厘のはがき一枚で幾らでも徴兵できる。甲種合格でなくても用は足りると、第一種乙の人が徴兵され、私は徴兵を免除された。こんな出来事が人生の運不運や命の長短を左右する。私が今日まで生命をながらえることができたのは、一つには軍縮会議、いま一つは兵役免除のおかげである。

しかし困ったことに農具はなし、借地の田畑は返してしまっていた。さて今後何をして生計をたてたらよいのか、どうやって生きていくのかと、二十一歳の頭のなかは今顧みても四分五裂であった。

# 第四章　東京市電気局の乗務員に応募
## ――そして母の死

第一次世界大戦の直後、襲ってきた不景気のため、一般庶民は就職難にあえいでいたが、警視庁巡査と市電の乗務員の募集はあった。市電気局が乗務員募集をしたのは、大正九年、指導者中野伊之助氏ひきいる日本交通労働組合が待遇改善を要求して大ストライキを断行し、その結果、大量の馘首者を出したためであった。この募集に応ずる決意をして、須藤兼七さんに相談すると、「そうだ、よいところに気がついた。それがよい、早速そうしなさい」と励まされた。生きるため、食うためには職を見つけることが先決である。病母を抱えその医療費や養育費を捻出するためにも、はたまた残りの借金も返さなければと勇み、進んで上京の決意を固めた。

悪童のころを除いて二十一歳までを振り返ると、楽しかった青春はつかの間、その後《あと》はまさに闇であった。そうした灰色の人生を背負って故郷を捨てる悲しみを抱《いだ》きつつ、これからどんな労苦が待っているのかを案じながら親族への挨拶回りをしたのは、大正十年十二月の末であった。

頼って行く先は私のすぐ上の姉であった。姉の生活も、所帯を持ったばかりで楽ではないらしいが、どう頭をめぐらせても、他に頼るべき人はいなかった。三番目の姉は松井田町に嫁いで、水商売の女将《おかみ》になっていて、はでやかな日々を送っていた。その姉の家にも寄ってあとあとのことを頼むと、いよいよ出発を十一年一月十五日に決めた。

この松井田の姉の夫、箕輪徳松は三道楽免許皆伝であった。しかもあばれん坊で義侠心も上州伝来、たいがいの事件は彼の仲介で解決した。相当の信用も持ち合わせていたが、けんか早いのが玉にきず、従って、意に沿わずとも彼の仲裁にはがまんを決めざるを得なかった人もあったろう。こうした親分的振るまいに加えて、政界にも首を突っ込んでいて、選挙ともなれば政友会の院外団と称して、この地方の主役を演じることもあった。

大正十一年一月十五日、バスケットを片手に霜柱を踏んで信越線磯部駅へ。懐中には汽車賃と小遣銭を含め金六円しかなかった。私の上京に大賛成してくれた徳松義兄も駅まで駆けつけてくれて、切符を買ってくれた。六年生のとき軽井沢へ修学旅行に行って以来、二度目の汽車に乗って、四時間かけて上野駅に到着した。

方向音痴の田舎者ゆえ、人力車で来いといわれていたからそのとおりにした。電車は走っていたが、乗り方も分からなかったので、人力車にまかせるほかなかった。どこをどう通ったのかさっぱり分からなかったが、ただ一つ、東大赤門前だけは記憶に残った。あゝここが東京かと思ううちに、本郷区東片町、大学正門前の電停に着くと、姉の夫、上原六郎が出迎えてくれていた。

その翌々日の大正十一年一月十七日、義兄付き添いのもと市電気局青山乗務員教習所の門をくぐった。

驚いたことに、何と受験者の多いことよ。まさに不況時代反映の姿であった。この分では合格はむずかしいと心配になってきた。そのせいか募集係の職員はみんな偉い人に見えた。所長は楠木熊次郎といって、立派な髭を生やしていたから、一段と偉く見えてこわかった。係員に、天眼鏡で見て初めて分かるような入れ墨もどきを質《ただ》されたときには正直どきっとした。郷里の生糸工場にいたときに、粋がって、女達の目の前で腕を突つき、墨を塗って入れ墨のまねをしたのがたったのだ。群馬には中風の病母のあることを語り、哀訴嘆願、ようやく合格させてもらった。

採用の通知が来たのは三日後であった。義兄の靴がはけたので、それを借りて駒込発御成門行きの電車に乗り、須田町で乗り換え、青山行きに。教習所一番乗りは私であった。

車掌見習生であるが、初めて運転手見習生といっしょに教えられた。班が結成され、同期生の紹介、点呼があってその日は終わり、制服を着用してみればりっぱな車掌さんだ。早く帰って姉夫婦に喜ばれようと、あわてて乗ったのは築地行きであった。さあ大変だと当惑したが、今日採用された見習生だと車掌に話して案内を請うてみた。車掌さんは笑って、今通ってきた三宅坂で須田町行きに乗り換えるのだと教えてくれたが、降りたところは桜田門であった。これ以上間違えては大変だと三宅坂まで歩いて、須田町行きに乗ったが、受験に来た朝と今ではあたりの様子が違うような錯覚に陥っていた。

「終点須田町です！」の車掌の声とともに下車したが、全く方向がわからなかった。十文字に走る電車道、おれの行くところはどこだんべと自問するだけの人に聞けない制服姿。本郷東片町へ帰らねば、困ったなあと、ふと見ると、銅像があり、小学校の本に出ていた広瀬中佐が杉野兵曹長を従えて立っていた。ああここだと駒込行きに乗ることができた。姉の家に帰れたのはまさにこの銅像のおかげであった。

受験の日は義兄が同伴してくれたからまかせきりで、必要な目標物を見ておかなかったのがいけなかったのだ。この人間が東京の案内人になろうというのだから大変だ。一生懸命な勉強が要求され、一心不乱、全精力を傾けた。

教習はきわめて厳しいシステムになっている。まず、東京市長永田秀次郎、市電気局長長尾半平が姿を見せ、市参与なるぞから始まる。上意下達の服務規程とべからず集がやたらと多く、規程の中にはずいぶん無理なものもあった。一人前になって出張所（今の営業所）に配属されたら、住居は必ず職場の付近に持て。それまでの見習中は寮に入れてやるが、舎監の命に従い、門限をまもること。そして上司の命には直ちに従い、抵抗干犯の所為あるべからずと、全く軍隊を彷彿せしめるものがあった。

私はお助け入局だから人一倍緊張していた。その上、切ないことに、故郷の母のことも心から離れなかった。上野駅の空が故郷に思えたものの、方向もまだよく分からなかったために、その逆の空をながめては母や妹のことを思い浮かべていた。こうした精神的な側面に留まらず、肉体的にも、腹の減ることに耐えねばならなかった。ひじきと油揚の箱弁では、百姓のころ食い拡げた胃袋は満たされなかった。一個二銭の大福餅や焼芋といった一時しのぎの腹ふさぎも、見習手当をもらうまでは経済が許さなかった。給料をいただき送金を待っている母や妹達に送らねばと、郷愁と空腹に耐えることを自分への至上命令と課した。

教習所へ入って十一日目、ハハキトクスグカヘレの電報を先生から受け取った。ある程度の覚悟はしていたものの、父亡き後にまたの悲しみ。すでに息を引き取っているかもと思いながらも、駆けつけるまでは生きていてくれと心の中で拝んだ。焼芋一本買えない今、先立つものは汽車賃だ。思案の折柄、わずか十日ばかりの同期生が、おれが貸してやると、地獄で仏の助け船を出してくれた。渡る世間に鬼はなしの言葉を思い出しながら、頭を下げて感謝を繰り返した。

母はすでに昏睡状態に陥っていて、飛びついても受け応えはなかった。そのままの状態が続いた後、大正十二年二月十三日午前一時三十分、永遠の旅路に立って行った。

近所の人や兄弟姉妹総掛かりで埋葬を終えると、母の面倒を見させるために帰郷させていた妹は、再び雇ってもらう手はずになっていた東京麻布の家に帰って行った。その後のことは織茂の姉夫婦に、屋敷のことは本家の田村嘉平に委任して教習所へ戻り、第四十五回生に編入された。ここで長野県出身の桜井三良という四歳年上の人と知り合い、意気投合して親友となり、嬉しいにつけ、悲しいにつけ、深い彼我の関係となった。

## 第五章　新宿営業所に配属
### ——職場の封建制に驚く

一カ月の教習生活を終えると、偶然にも二人とも新宿電車出張所（現在の伊勢丹のある付近）に配属され、実務の見習生として師匠についた。お師匠さんは久保田良平さんというこわい人で、毎日叱られに行くのか、仕事を教えてもらいに行くのか分からなくなるほどだった。教習所で習った運転系統と四百五十カ所の電停も、実務となるとなかなかマスターできず、実習ともなると停留所名副称を間違えて、新富町歌舞伎座前と大声でどなってお客さんに大笑いされ、顔から火の出る思いもした。そんな具合だから、客の前で師匠にどなられ、やめたくなったことも幾度となくあった。見るに見かねて深山という若い運転手が、「オイ久保田、田舎から出てきたばかりだ、余り叱るな、かわいそうじゃないか」と言ってくれたが、師匠の方はとんと意に介さない。おまえはだめだ、鞄をよこせとひったくられたのは、忘れられない屈辱として心に残っている。あれはたしか三宅坂であった。

当時の封建的職場では、労働者同士においても同僚的融和はなく、当局もいたずらに階級を増やして、労働者間の対立を起こさせるシステムを採っていて、連帯と団結を阻止していた。上下、新旧、互いの対立を募らせることは、経営上、運営上の手段でもあったのだ。

新宿電車出張所に配属される二年前、たしか大正八、九年ごろ、「李範能事件」というのがあったと先輩に聞かされた。この事件のあった場所は、新宿区東大久保一丁目とあるから、現在の新宿六丁目、つまり元都電大久保営業所の界隈であろう。そこで十二人に及ぶ殺傷事件が起こったのである。事件は新宿電車出張所内で手拭一本が紛失したことに端を発した。

出張所では、公金を取り扱っている以上、検査は付き物で、それに接客による衛生管理の目的を加味して、業務終了後入浴を義務付けていた。そんなある日、だれかの手拭がなくなった。盗んだ容疑をかけられたのが李範能という朝鮮出身の運転手であった。しかも仲裁に入った人までが、お前は新参で朝鮮人だからが

大正13年、新宿電車出張所勤務時代。

まんしろと忍従を強いたものだから、李範能の堪忍袋の緒が切れた。李範能は怒りに身をふるわせながら帰宅したものの、人権無視の裁きが悔しくて眠れず翌朝四時半、始発前に関係者の家に押し入り、大工用の玄能で女子供の区別なく殺戮に及んだという。

われわれ新参者は風呂に入るとき、上級古参がいると遠慮する者が多かった。寒い日でも炉端に手を差し伸べることもできない。新入組は四等級で袖ボタンが二つ、一等級は三つ。さらにその上に特六級から特一級まであり、特級の人達の帽子にはおしなべて黒い真田紐《さなだひも》が巻いてあった。しかしこれで全てではない。なおその上に監代という古参者が頑張っていた。職員は雇員、事務員の順であったが、その中間に運輸監督という階級ができ、これら職員の上に事務吏員という職階級であった。

労働賃金は、私達が入局する前は一マイル幾らという算定方式が採用されていた。走行キロ程によって支払われていたわけだが、独算制強化のために、名前は忘れたが低賃金で最大の効果を上げる研究家が電車課長に就任し、距離制から時間給制に切り替えた。乗り物を操縦するとスピードを出したくなるのは人間の本能の一つである。従って、操縦している者はどうしても早く回って来ようとする性向を抑えることができない。従ってこの制度は、短い時間給で長い走行距離を走らせることができるという、まさに一石二鳥の策、資本主義そのものであった。

勤務規定は、週に一度休日が与えられる七日制ではなく、八日目に休日が巡ってくる八日制であった。しかも、一日の欠勤は勿論のこと、一時間以上の遅刻、早退でも、次の公休日は無給となる掟であった。あまつさえ、遅刻や早退した時間はその時間に相当する倍額を次の給与から差し引かれるという、まさに監獄部屋的待遇であった。日給とは看板だけのことで、実態は完全な時間給であり、加えて、現在でも残存していると思われる中休制度も敷かれていた。一人の労働者を朝夕のラッシュ時に使う仕組みで、その制度のもとで、我々は一日に二回出勤しなければならないこともしばしばだった。しかも、実働七日間のダイヤの中には十二時間勤務も含まれていた。こうした厳しい勤務制度を忠実に守らせる監督はまさに神様的存在で、そのほとんどは市長、助役、課長、所長といった管理職の推薦でその地位を得ていた。職員の方も特にはぶりをきかせたのは市議会議員お声掛かりの者で、少々ばかでも偉ぶっているのがいた。

忘れもしない、操車係に瀧沢という監督がいた。これが酷使の親玉で、私が肋膜炎《ろくまくえん》になったときのことである。熱は三十九度を越え、食事が進まず、パンをコップにいれ、湯を注いで飲む有様だった。栄養不良も手伝ってとても乗務できる状態ではなくなり、当時健康管理を掌握していた共済組合の医者に診てもらった。その医者は、これは大変だ、化膿性肋膜炎になる危険性があると、三十五日間の転地休養と加療を要すという診断書をくれた。にもかかわらず、この瀧沢という監督は、「そうかい、おれはなあ、他人の体が悪いことなら百年ぐらいがまんできるよ」と、言い放った。まさに鬼畜に等しい言動であった。勤務残余時間の倍額を差し引かれることになる早退を、だれが好んでするかと怒ってみても、ゴマメの歯ぎしり、蟷螂《とうろう》の斧で、長いものには巻かれろの泣き寝入り。過ぎし大正九年のストライキも、こうした過酷な日常が爆発したためであろう。自らを哀れみ、当然であったと当時を追想し、組合運動の必要性を認識した。

療養のため群馬の松井田に向かった。姉の家は乙種料理店と格付けされた、いわゆる待合茶屋であった。この種の店は田舎ではだるま屋と呼ばれていて、姉の店には常に四、五人の、首に白粉《おしろい》を塗った、いわゆる白首と呼ばれていたねえさんがいた。こうした女性達はそれぞれ、過ぎし日の甘辛い思い出を宿していた。

姉は別棟の家におり、私は長屋に隔離されて完全な肺病扱い。「どうだやあ」と声を掛けるだけで、見舞いの言葉を門口に残し、決して室内に入ろうとしなかった。妾の文子さんは、義理もあったにせよ、徳次さん今日はどうだいと毎日見舞いに来てくれた。人情味あふれる人であった。それに比べ、実姉の顔を見たのは帰省療養三十五日間にたったの二回、まさに梅雨時の太陽みたいなものであった。病んでいる身からすると、文子さんが本当の姉のような気がして嬉しかった。

店の女達の中に、愛子という、愛敬のある、男ならだれでも好きになりそうなタイプの女性がいた。生まれは千葉だと聞いたが、こんないい娘がなぜこんなところに流れて来たのかと、不思議でならなかった。金のためなのか、それとも若気の過ちから身を落としたのかと、いずれにせよ不憫でならなかった。しかし、当初は、この女が私の初めの妻になるとは夢想だにしなかった。

# 第六章　関東大震災の来襲
## ——当時の市電風景

　大正十二年（一九二三年）九月一日午前十一時五十八分、中休勤務で家に帰り浴衣《ゆかた》に着替えた瞬間、巨大なエネルギーが大地を大きく揺さぶった。防ぎようのない強大な力であった。阿鼻叫《あびきょう》喚《かん》の地獄とはこのときの情景を指すのだろう。階段の上がり口に立てかけてあった襖障子《ふすましょうじ》で塞がれて降りられず、二階の窓から飛び降りた。しばし唖然としたが、正気を取り戻すと、勤務先へ駆けつけた。食堂の裏口から逃げ出した若い車掌が、崩れ落ちた赤レンガの塊に押しつぶされ、下敷きになって死んでいた。見れば鞄を掛けたままで、目も当てられないむごたらしさである。こうした惨状から、地震のときは外へ飛び出さない方が安全だと悟らされた。幸いなことに、舎内の職員は全員無事であった。

　早くも新宿追分の南側（当時の新宿旭町、現在の新宿四丁目）のてんぷら屋が出火し、火は四谷通りを這って迫り、車輌課の事務所が炎に包まれた。折悪く吹く南風に煽られ、遂に車庫も延焼し、多数の電車が焼失した。

　下町方面の被害は、一度に幾万という死者の出る惨状。尊い命もこのような悲惨な状況では人間的な扱いはできず、随所に死臭を放ったまま放置された。やっと埋葬の運びとなっても、穴を掘ってまとめて埋められる始末。生死を確認しようと縁者が彷徨していたが、焼け野原に見当をつけかねてただ呆然《ぼうぜん》としていた。サーベルを下げた警察官も白い制服を泥まみれにしたまま、水道管のちぎれ口から流れ出るたらたら水を水筒に貯えている。その姿はひときわ哀れであった。政府が手配した急設の配給所は、米を衣料をと押すな押すなの地獄絵図。衣食足りて礼節を知るとは、官吏も庶民も、奥さんも女中も皆いっしょで、生きるために恥も外聞もなくなった社会はどうしようもなく悲惨であった。

政府筋から後で聞いた情報だが、このとき最も痛ましい結果を押し付けられたのは、在日朝鮮人の諸君であった。いわく、不逞朝鮮人が井戸に毒を入れている、見つけ次第直ちに捕えろと町々に自警団を組織させ、官製の流言蜚語を流布宣伝させた。市民はその真偽の確認の余裕もなく、直ちにこれに盲従した。この非常事態のただ中に、当

大震災で丸焼けになった車輛。(『東京都交通局60年史』より)

時の政府機関が、植民地政策の一環として仕組んだこの権謀術策は、憎んでもあきたらない。私もこの術策に踊らされた一人であった。仕事から帰ると間借り人のわれわれにも動員がかかり、当時角筈と表示されていた辻の張り番伝令をさせられた。一度嫌気がさして動員に応じなかったことがあったが、駆けつけてきた町会のボスから、非国民だと罵《ののし》られた。

あらゆる階層の人々が食糧買い出しになり振りかまわぬ懸命の毎日だ。私も同様、困りはしたものの、車庫の共済組合食堂で命をつないだ。当時の情景を流行歌は風刺して様々に歌っていた。〝スイトン五銭の花が咲く〟の歌詞通り、宮城前広場は避難民の小屋街と化し、やみ屋が幅をきかせ、繁盛していた。世の中が少し落ち着きを取り戻す頃になると、買いだしや配給の姿を風刺した〝復興節〟が一世を風靡した。しかも、本歌から替え歌が続々と作られ、歌われていた。

この頃までの市電では、乗務員のいる場所は客室の外にあった。ブレーキは手巻き制動であったため、進路上に障害物があらわれたときは一大事となる。片足でフートゴングとかいう警鐘器を踏み鳴らし、へっぴり腰でブレーキを巻く姿は、見るも気の毒で、運転手は突然あらわれた障害物に、ばか野郎、気をつけろ！と吐きかける。車掌は、あおむけになってデンデン虫の角のような二本のトロリーポールのひもを持って、万が一はずれても架線が切れないように、懸命な努力をする。何しろ一本のポールだけで四貫目（十五キロ）もある。おまけに、雨の日などはひもを伝わって垂れてくる滴《しずく》で、袖の中までびしょ濡れになる。冬ともなると、もうろく頭巾で眼だけを光らせ、取っ手を握る手には頭巾と同じ布を使った手甲《てっこう》をはめて風雨寒気を防いだ。こうした乗務員のつらさに耐え兼ねて賄賂を贈って職員になり、おべんちゃら屋と罵られる者もいた。乗

鈴生りの乗客。車外にぶら下がっている人達の殆どは只乗りだったという説もある。（東京都交通局刊行『都電60年の生涯』より）

車口の外側にはつかみ棒が付いていて、飛び乗り飛び降りが名物化していた。車両の前部には格好のよくない救助網《フェンダー》が付いていたが、却って接触事故が起きると、その後取り外された。

ラッシュ時ともなると車掌台はおろか側面にも乗客が鈴生りになる。割引時間の終わる七時ごろは乗客でごったがえし、停留所で立ち往生の毎日。乗り換え切符を早くよこせ、釣銭を早くの声に車掌はおおわらわとなる。ずるい客もあれば、乗りもしないのに釣銭を要求する野次馬もいて、生き馬の目を抜く江戸の名残を引き継いでいた。

ほどなく、当時局長であった長尾半平氏が、大自慢の低床ボギー車を導入した。その車は乗務員も乗客もワンボックスに収まるタイプで、その面では乗務環境が大幅に改善された。前述のおべんちゃら屋の中にも、こういう電車なら職員にならなければよかったなどと述懐する者もいた。それほど低床電車は乗務員に歓迎されたのである。

しかし、ボギー車に設置されていたエアーブレーキの効力を過信したため、追突や事故が絶えなかった。このため当局はマンスブルハンドルを写真入りで掲示し、エアーブレーキを過信するなと注意を促した。

この頃から市電は東京の夜明けを告げる、首都の動脈と称される

木造4000形（Nos 4001～4050）大正14年製造の低床式鉄骨木造ボギー車で、「ホヘ中」以来の３扉車である。台車は新規に設計されたＤ－11を使用、形態的には前後が絞ってあり、正面はフラットなため、何となくウマヅラ的な感じを与える。大正14年、弟分にあたる4100形（4101～4150）が製造されたが、正面にやや丸味をもたせてアクセントをつけた他は、4000形と変わりはない。
(東京都交通局刊行『都電60年の生涯』より）

ようになり、町の活性化の象徴となり、まさに繁盛期に入る。輸送増強のため電車も大型化し、中出し式ボギー車も登場した。この車は、前から乗って中央から降り、後部は乗降自由であったので、混雑は大幅に緩和された。早く乗降が済む能率的な車体構造であったにもかかわらず、乗客の中には、どこから降りようとおれの勝手だと、運転手に切符をたたきつけて乗車口から降りるつむじ曲がりもいた。もっとも、乗務員の中にもこれに匹敵する左巻きつむじもいたから、争い事は絶えることがなかった。

「市電も便利でよいけれど、毎日これですからいやになってしまいますよ」と、客のこぼすとおり、こうしたトラブルは年中行事であった。最も多かったのは、乗り換え切符の有効無効の言い争いや早く切符をよこせ、早く切符を切れ、貴様は切符を切りに来なかったの類《たぐい》。私にもこの類の争いがかなりあった。

角筈発万世橋経由本所緑町行きという十三系統を運行していたときのことである。万世橋付近は分岐点のため、ことに忙しかった。二本のポールがしばしば離線することがあり、中央の車掌はそれを防ぐため手を貸さなければならない。それが済むと、次の停留所である和泉橋に着く前に乗り換え切符を切らなければならない。しかも、この付近にさしかかると千住方面と水天宮方面への乗り換え客でごった返す。乗車券を切ったり、釣銭を渡したり、乗り換え券を発行したりで、まさに神わざを強いられる。乗り換え券に至っては、日付、乗り換え時間、乗り換え停留所、それに行き先までパンチで穴を開けねばならない。いつものとおり、ハイ切符を切ります、お乗り換えの方はありませんかと呼びかけながら、通過して行くと、通過したときには何の応答もせずに新聞を大きく広げていた紳士が、後ろから、「オイ車掌、早く乗り換え切符をよこせ」と怒鳴っている。それに呼応するように、背後からまた一人、「オレは小伝馬町だ」と叫び声を上げる。しかし、もう和泉町は目の前で、降りる客から切符や料金を受け取らなければならない。だからさっき車内を通過したときに切符を切らせればよかったのにと思っていると、かんしゃくを起こしたのか新聞男は、「何をしてるんだ、早くよこせ、こののろま車掌！」と大罵声を浴びせてきた。いまさら何だとばかり、「早くほしけりゃ、こっちに来い」と、思わず言葉が出てしまった。新聞男は眼球を見開いて、「何をこのやろう、降りろ」と叫びながら立ち上がった。売り言葉に買い言葉、降りたがどうしたと下車すると、もう一人の小伝馬男が後ろから組みついてきた。とっさに私はその男の向こう脛《ずね》を靴のかかとでけとばした。

当時の車掌は車内を歩くため上等の靴ははいていなかった。はいていた靴は、半蔵門付近で売っていた、近衛連隊から払い下げられた、かかとが減らないように鋲が打ってあるがんこものだ。これでけとばされたからたまらない。小伝馬男はそのままうずくまってしまった。

いま一人の新聞男は前から飛びかかってきた。取っ組み合いとなり、闘いの果てはつかない。この騒ぎで電車は万世橋まで渋滞してしまった。交通巡査が騒ぎに気がついて信号を止め、飛んできて仲裁に入った。「オイ、交通が止まってしまうぞ」と、無理やり引き離された。けとばされた乗客はぶつぶつと愚痴をこぼしながらも、乗り換え切符はしっかりとひったくり、足をひきひき立ち去っていった。

年は歩み大正十四年（一九二五年）、市電に女子車掌が採用された。赤い襟の制服だったので赤襟嬢の名で内外の評判となり、庁舎の内部も明るくなった。因に、この頃、円太郎バスと異名をとった乗合自動車が登場し、桜田門に車庫が出現した。後年政界の大物と称された広川弘禅もこの車庫の技工として働いていた。

職場に女性が登場すると、早くも恋愛問題が起こった。まだ封建的風潮の残る当時のこと、幾組も噂にのぼりはじめると市電気局労働課は、風紀取り締まりのため摘発に躍起になった。密行と称して私服職員まで放っていたのだから、その監視態勢の徹底振りがわかる。中には取り締まりに名をかりて女子車掌を調べ室に入れ、男との関係を根掘り葉掘り問いただし、挙句の果て、オレの言うことをきけばと脅し上げて関係を強要した者までいる。

しかし、毎日若い男女が接している職場である。そもそも取り締まること自体がおかしいのである。こんな馬鹿げた制度のために、愛を裂かれ、馘首《かくしゅ》の運命に泣いた人も枚挙にいとまがない。

第六章　関東大震災の来襲
——当時の市電風景

青バスの白襟に対し東京市バスは赤襟で対抗。好評のバスガールに倣い大正14年3月20日市電も女子を採用した。当時の電車賃片道7銭。(毎日新聞社刊行『1億人の昭和史』より)

大正13年、営業開始当時のバス。アメリカのフォード社に発注した800台のTT型フォード車。俗称円太郎バス。
(『東京都交通局60年史』より)

# 第七章　最初の妻との出会い
## ――市電扶桑会結成

　ある日、松井田の義兄箕輪徳松が上京してきて、千葉へ行こうと無理やり連れ出された。京成千葉駅で降り、蓮池という花街を通って本町通りにある金魚という仕出し屋兼小料理屋に行った。そこに、かつて療養のため松井田に滞在したときに出会った女中、愛子がいたのにはびっくりした。さだめし借金を払い終わって帰って来られたのであろう。表札は山本つねとあった。愛子の姓は布施であったから、この小料理屋が養家で、母と呼んでいた女性は養母だと気がついた。その日は愛子の特別サービスを受け、いい気持ちで帰宅した。

　数日後、愛子から手紙が届いた。是非遊びに来いとのこと。千葉海岸での海水浴を兼ねて訪ねた。愛子は大喜びで歓迎してくれた。座敷に招き入れると、音丸という芸者を呼んで大騒ぎに興じた挙句、泊まっていけとしきりに引き留める。

　他の客も帰り、座敷の片づけも済み、調理場の洗い物の音も止んで、あたりは急に静かになった。長火鉢の縁をたたく養母の煙管《きせる》の音もいつしか消えた。愛子は枕を持って入ってくると、当然のごとく布団の中にもぐり込んできた。「徳さんいいでしょう」と、水商売の有無を言わさぬ強引な誘いに、ころりと虜になった。

夕べの疲れで朦朧とした眼に太陽の眩しい光を受けながら東京へ。結局その日は出勤できず、翌日になって出勤すると、早速勤怠係に無断欠勤を咎められ、始末書を書かされた。運転手と車掌のコンビ仕事ゆえ、片方が休めばもう片方は仕事にならない。使用者が無断欠勤に腹を立てるのは当然である。しかし、怒られても叱られてもこの道ばかりは理性が言うことを聞かない。嫌いでない女が待っているのだから、毎日でもと本能が催促する。ついに八日目ごとの公休日は千葉通いとなってしまった。いつとはなしに入り婿のような生活が始まった。愛子の方はしきりに結婚したがったが、私の姉達は口をそろえて、相続人のくせに水商売の女を嫁にするとは、とこぞって反対した。

姉達や親族への手前もあったが、夫婦同然の生活を続けているうちに情が移り、一緒に走るかこのマラソン人生をと、結婚してもいいような気持ちになってきた。いつしか自分の給料で家の修理や飾り付けをするようになり、包丁まで習い始めた。しかし、ここは血の繋がりのない寄り合い所帯、こうした家族にありがちなもめごとが口をあけて待っていた。

# 第七章　最初の妻との出会い
## ――市電扶桑会結成

そのころ、大正九年のストで処分された人達が復職してきた。もちろん無条件ではなく、降等処分に付せられ誓約書も書かされていた。しかし監獄部屋的待遇から脱却しようとする意志の力とは恐るべきもので、復職後間もなく組合結成の運動が密かに始められた。名称は市電扶桑会。目的は単に親睦とだけ記されていた。この会が後の市電従業員自治会であり、今日の東京交通労働組合である。まさに東京における労働運動の萌芽がそこにあった。私は率先して入会した。熱心に勧めてくれたのは、千駄ヶ谷に住む佐野佐幸氏であった。

復職してきた従業員の語る労苦の数々に耳を傾け、大正九年ストが起こるべくして起こったとの説明に逐一納得させられた。自らも、封建的思想に裏うちされた雇用等労働条件を払拭し、将来を勝ち取るためには集団の力以外にはないと認識を新たにした。

# 第八章　妻の上京、類焼そして死

義母と争って飛び出してきてから、妻から幾度か手紙が届いたものの、千葉へ行く気にはなれなかった。ほどなく、私も家を出るとの知らせが妻から届いた。別に妻に不満があったわけではない。むしろ哀れな気さえしていた。たとえ相手が水商売でも、慕ってくる者を拒絶するわけにもいかない。世間には自分達のようにもつれあった夫婦も少なくないのであろうと受け入れることにした。

そこで同県人の斎藤酉蔵さんに相談に行った。斎藤さんの奥さんは私と同じ村の出身ということも手伝って、ことのほか相談しやすかった。「近所に新築の二軒長屋がある。家賃は十七円で敷金一つだ。借りてやるから所帯を持て」と勧められた。通称、二軒家通りと名のついた通りに面し、渋谷区といっても中野と新宿の境に位置していた。道一本隔てるとマイカ工場という看板が下がる工場地帯であったが、贅沢を言っている場合ではなかった。

今の伊勢丹の前に近江屋という箪笥屋があった。世の移り変わりによって、その後、近江屋は帝都座という映画館兼演芸場になり、今は丸井にその席を譲っている。大正十三年の晩秋、その近江屋で、金八十円を奮発して箪笥を揃えた。妻は蓮池の芸者や姐さん達から所帯道具を贈られ、背負ったり携えたりして、ほうほうの体《てい》でやってきた。

貧乏覚悟の新所帯。養母の手前もあって、がんばらなければと懸命に働いた。勤務先までは徒歩四十分の距離である。当時市電の始発は四時半ゆえ、三時に起床。終電は夜半一時であったから、決して楽な仕事ではなかった。斎藤さんはときどき訪れては何くれとなく世話をしてくれた。

この二軒通りに屋号を大塚という靴屋があり、吾妻という義太夫のうまい人がいた。その奥さんは竹本照花という義太夫の師匠である。妻は買い物に出ると聞こえてくる太棹の音をなつかしがり、あなたも義太夫でも習いなさいよと勧められ、稽古に行き始めた。将来性があるとか、割合にうまいとかおだてられ、習いに行ったり、行かなかったりで、平和な一年はまたたく間に過ぎ去った。

大正十四年の暮れるころ、ちょうど妻が二十五歳のときだ。のどが悪いと臥床《がしょう》するようになった。近所の鳶職《とびしょく》の奥さんに看病を頼んでおいたが、たまたまその日は奥さんに用があって看病に来られなかった。当日は十二時間勤務であったため、帰宅したのは夜の八時であった。病妻はどうしているかと心配しつつ戸を開けると、「あんたかい、私は今朝からご飯を食べていないの」と蚊のなくような声で訴える。頼んでおいた人はどうしたのかと問うと、朝からずっと顔を見せないとのこと。疲れた体でおかゆをこしらえ食べさせたが、食欲がない。のどが痛いとしきりに訴えるので、手伝いの人の紹介で淀橋にある電気治療の診療所に人力車を仕立てた。診療所の先生からは毎日来いと申し渡された。翌日から人力車と一日往復一円五十銭で契約し、診療に行かせたが、一向に良くならない。それどころか、とうとう人力車にも乗れなくなった。治療所の先生は、電気治療器を世話するから、自宅で治療しろと言う。金五十円で買い求め使わせてみたが、ますます衰弱するばかりであった。友人の助言で、成子天神社脇の松田医院に連れて行った。診療後私だけが呼ばれ、気の毒だが肺結核と喉頭結核であると宣告された。死の病と人々から恐れられていた病気である。目の前が真っ暗になった。しかし自分が感染したらなお困ると気を取り直し、食器を始めこれはと思われる用品を消毒し、衛生に留意した。妻は病床で、また消毒すると、か細い声で怒ってはいる。しかし、病気が病気だけに、その後すべて煮て消毒するように努めた。ただ、洗濯物には困った。こうした病気に罹っても女の生理はある。湯に浸けて失敗したこともある。今さら千葉へは帰れず、男泣きに泣いた。養母と争ったことも後悔されてならなかった。汚物の付着した肌着は、洗えるものも出勤がてら神田川の支流に捨て、新しいものに買い換えた。経済的、精神的、そして肉体的にも疲れ果て、最低線の生活に右往左往するうちに一年有余を経た。

大正は十五年となり、十二月二十五日、大正天皇が崩御《ほうぎょ》し、元号は昭和と改元された。この年をはさんで幾年もの間、ストライキ、米騒動が起こり、政治の舞台では治安維持法の制定をめぐって紛争が続いていた。不況、失業と不安な社会情勢の狭間で、病妻を抱えた悪戦苦闘の毎日であった。

終車を担当したある日の帰り道、成子坂下を左に曲がり十二社付近までたどり着いたとき、わが家の方角に火の手が上がった。もしやと息を切らせながらわが家へと馳せ参じた。悪い予感というものは的中するもので、わが家はすでに焼け落ちて、煙とも湯気ともつかぬものが焼け跡から立ち上《のぼ》っている。わが妻はと近所の人に尋ねると、看病に来てくれていた人と友人の高橋末治君が駆けつけてくれて助け出し、とりあえず彼の家に避難していると教えてくれた。安心するとともに、持つべきものは友人だと手を合わせた。しかし、一方では、これからどうすればいいのかと途方に暮れた。火事の際、近所の人が持ち出してくれた家財道具も、めぼしいものはあらかた誰かに持って行かれてしまっていた。妻の下駄の片方が少し離れた場所に転がっていた。

重病人だけに高橋君の家に居させておくわけにもいかず、同期の桜井三良君に手助けを頼み、千葉の養母の家に預けることにした。以前のいさかいがあるだけに、意地を曲げ養母に手をついて頼まなければならない。しかし、この際は頭を下げる以外に方途はなかった。と言っても、先立つものは金である。長い闘病生活の妻を抱えた所帯に金などあるはずがない。

当時の市電扶桑会は発展的に解消し、市電従業員自治会と称し、完全な労働組合に成長していた。桜井君は自治会新宿支部の幹部の一人であった。彼は心強くも、金のことは心配するな、共済組合で借りてやると早速書類を整え、金四百円を借りてくれた。その金を懐に、妻を助けつつ三人連れで両国駅に向かった。混雑を予想して三等車（今の普通車）を避け二等車（今のグリーン車）に乗車した。空席の多いのを眺めつつ千葉駅へ着いたものの、養母の家の低い敷居が一段と高い。前もって手紙で事情を知らせてあったから、養母も割合穏やかな迎え振りで、安堵の胸をなでおろした。

まず、お願い方々、養母には当面の費用として二百円を差し出した。妻には百円を財布に入れて握らせ、後は働いて送るからと言い聞かせた。妻は痩せ衰えた手で握り返しながら、頼みます頼みますと繰り返し頭を下げていた。金を見てか養母は一段と機嫌よく、木の実木のもとだ、帰ってきて当然だと快諾してくれた。

ひと安心はしたものの悪性の病気ゆえ、東京へ帰る道すがら、胸の内は不安におののいていた。人は接することによって愛情を増すという。いわんや夫婦においてはなおさらである。以前の生業《なりわい》がどうであろうと、自分との係わり以来五年近くの絆《きずな》はたやすく断ち切れるものではない。休みの度《たび》に来るぞと力を込めて握った手を、握り返す力もないほどの衰弱振りを思い起こしつつ、後ろ髪をひかれるまま東京へと向かった。

次の公休日には何か栄養になるものを買って行こうと、乗務しながらも、並ぶ商店の看板や品物が気になってしかたがなかった。

帰京してから六日目、アイコシンダスグコイとの電報を上司から渡された。ときは昭和三年十二月十五日、行年二十八歳であった。棺に収める体は軽かった。枕元には渡しておいた財布がころがっていたが、開けてみると一銭の金もなかった。死ぬまで持たせておいてほしかった。養母の強欲と薄情が許せなかった。わずか六日間で三百円もの金がなくなるわけはない。妻が生前あんちゃんと呼んでいた従兄の魚安も憤然として養母の薄情振りをなじっていた。

弔《とむら》いのため、四日ばかり滞在した。その間養母の親族は協議を重ね、私に後添いをあてがってこの地に留まらせようと決めていた。従兄の魚安からそれとなく話があったが、死に直面している妻へのひどい処遇が心に浮かび、微塵《みじん》もそんな気分になれなかった。妻が眠る寒川の墓だけに哀愁が残った。

# 第九章　組合活動に強い関心

## ——第二の妻を娶《めと》る

その後再婚の勧めもあったが、楽しみよりも苦しみの多かった夫婦生活に恐怖して、そんな気分にはおいそれとなれなかった。むしろ労働組合自治会が叫ぶ待遇改善要求に関心を寄せ、サボタージュに参加したり、東京鉄道管理局からの天下り局長就任反対闘争に参加したりして、権力に対する反抗の意識を培養していった。

幹部の桜井三良君は、千葉県出の女史タイプの車掌と結婚し子供まで生まれたが、政治意識の強い血を組合活動に沸騰させ、本職の乗務任務を忘れたかのように、数えるほどしか勤務しなかった。そのため給与はカットされ、家庭生活は見るに忍びない状態であったので、組合幹部をやめろと忠告せざるをえないこともしばしばであった。

当時の人事は上層部のご都合次第であった。局長などは歴代、天下りがあたりまえであった。市電のことは市電にいた者が一番よく知っている。せめて本庁からの流入ならまだしも、よそ者が降下してくることには我慢ならなかった。事実、こうした天下り人事の度《たび》に紛争の種が蒔かれていった。私の方も紛争の度《たび》ごとに組合活動への傾斜度を強め、いつしか、日常の言動が上司からにらまれているぞと、同僚から聞かされるようになっていた。

桜井さんが紹介してきた女性というのは吉田初子といって、貯金局に勤務していた。元淀橋警察署の巡査部長の一人娘で、他に兄弟が二人いる。父親の職業柄か質素で厳格に育っていて、評判がよく非のうちどころがなかった。吉田家では、田村は二度目であるが、係累もない良縁であると大喜びし、話はとんとん拍子に進んだ。吉田家の胆煎りで新所帯用にと、近所に六畳と三畳二間の家を借り、引っ越したのはそれから間もなくであった。

昭和六年三月十日、私の本当の誕生日に式を挙げることになり、親族へも通知した。幾度となく決断を翻し、幾多の親切な人達に迷惑をかけたが、これで本決まりとなって、一件落着した。

婚礼当日となった。媒酌人桜井夫婦はてんてこ舞いの忙しさで、三十メートルしか離れていない彼我の家を行ったり来たり。太陽は

大都会のサラリーマンはカフェー、シネマ、ダンスホールで憩のひとときを過ごした。カフェーの女給はエプロン姿でサービスに努めた。（毎日新聞社刊行『1億人の昭和史』より）

結婚前の妻、初子（向かって右）
昭和５年撮影

西に茜雲を映して落ちようとしている。それを契機にちょうちんが幾つも連なって歩いてくる。田村さんも迎えに出るのですよと促されて門口に。女一代の晴着に包まれた姿は清楚で、箱入り娘で育った風情が漂っていた。

　ある日帰宅すると、妹が訪ねて来ていた。顔色がすぐれないのでどうしたのかと問うたが、返事は虚《うつ》ろである。何事も元気を出してがんばるんだぞと叱咤したら、そばで聞いていた妻が、「そんな乱暴な言い方はやめて」と、さえぎった。後の祭りではあるが、そのとき妹には相談事があったのだ。後で聞くと、妹は痔瘻《じろう》に冒され、胸まで冒されつつあったという。あのとき私が突っ込んで聞いてやっていれば妹は悩みを打ち明けたに違いないと、四十年たった今日でも、兄としての思いやりの足りなさを悔いている。

　妹は当時、椿山荘から東に道一つ隔てた文京区雑司ケ谷の松岡映丘画伯の家で女中として働いていた。夫人に気に入られて子供の係り女中をしていたが、病魔に冒され、兄の私に相談に来たものの、新妻はいるし私の応対もつっけんどんだし、とうとう相談事を切り出せず、一泊して帰ってしまった。この妹ともやがて永遠の別れを迎えることになるとは、そのときは夢想だにしなかった。

# 第九章　組合活動に強い関心
## ——第二の妻を娶《めと》る

ムーランルージュが象徴する新宿はインテリ大衆の街だった。三越裏にはカフェー街が出現。
(毎日新聞社刊行『1億人の昭和史』より)

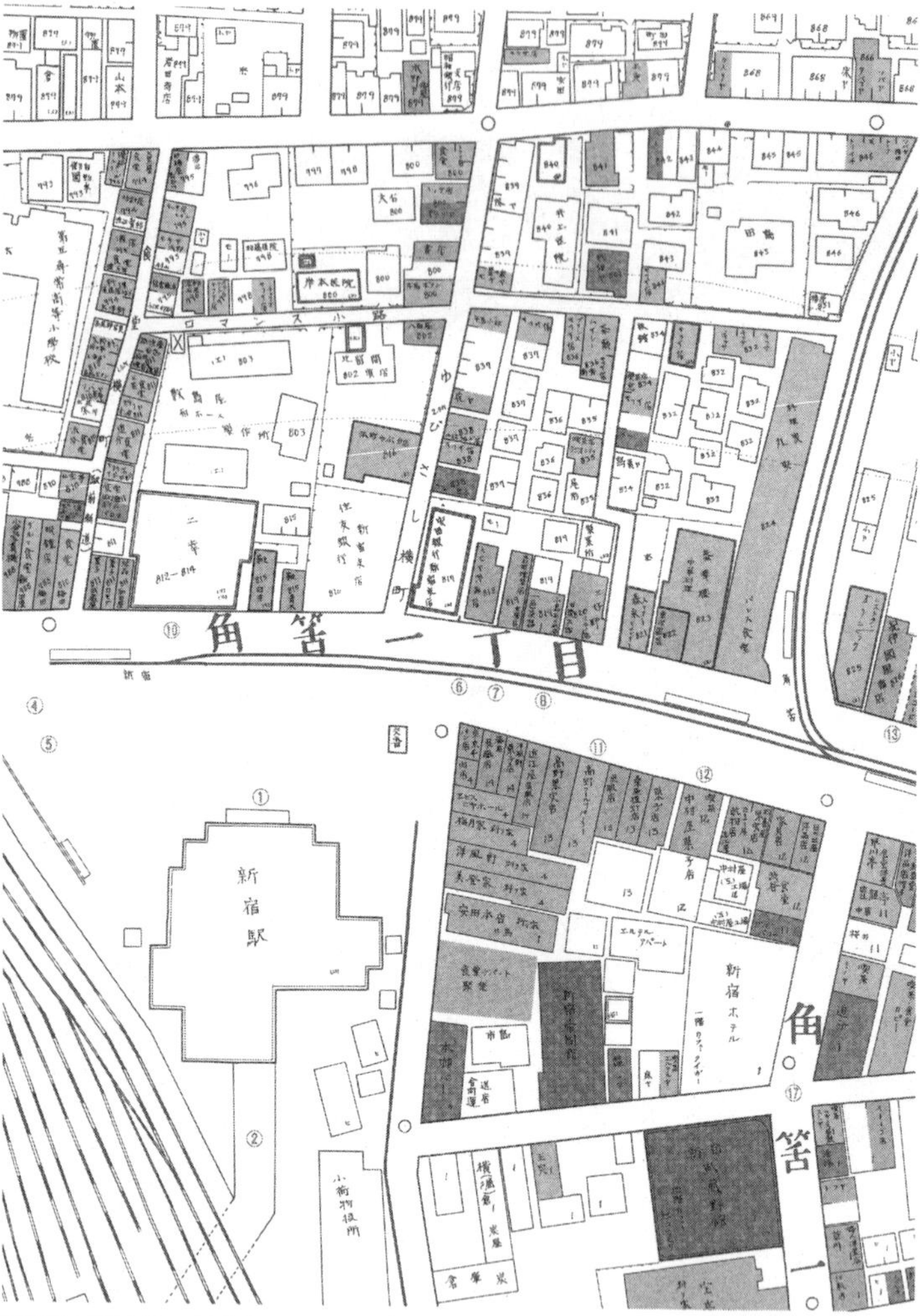


昭和10年前後の新宿駅周辺。ゆびさし横丁の両側にカフェー日本とやぶそばが見える。(都市整図社提供)

# 第十章　妻の死、妹の死

草木の萌える四月の末、中休勤務のため昼に一旦帰宅した。妻はついさっきまで寝ていたらしく、寝具を敷いたままであった。かたわらに体温計が置いてあったので、どうしたのかと聞いたが、返事をしなかった。ある日近所で、妻は嫁入り前に神奈川方面、たしか葉山と聞こえたが、転地療養をしていた噂《うわさ》を耳にした。胸の病気については身を切るような労苦を経験してきているので、ドキンとした。私の追及に一年余の転地療養生活を物語ったが、結核だとは言わなかった。その後微熱が続き、遂に床に着くようになってしまったので、京王線天神橋駅（今の文化女子大付近）にある、かつての妻のかかりつけの医者に往診に来てもらった。医者は、気管支が悪いので薬を取りに来てくれと言って帰った。そこで、薬をもらいかたがた医師に本当のところを聞いてもらえないかと桜井さんに頼んだ。報告は案じた通り肺結核であった。しかも、結婚は無理だから転地療養せよと勧めたのもこの医者であった。何という不幸の連続かと天を恨み、腕を組み、頭《こうべ》を垂れた。希望も目標も失って、人生がいやになった。しかし気を取り直し、栄養を与えなければと、食べ物はもちろん、薬物に至るまで探しまくった。当時講談社の野間清治社長のお声がかりで、ドリコノという栄養剤がでかでかと広告され売り出されていた。買ってみると、化粧水に似た容器に入っているピンク色の液体であった。果実類も与えろとの医師の命令に、リンゴをおろして与えたが、あなたも食べろと言ってきかないのにはこまった。言うがままに従うのも看護の一つかと覚悟を決め、同じ匙で一緒に食べた。

六月十八日の夜、便所で大喀血した。親族も集まり、心痛の一夜は明けたが、昏睡状態に陥った。六月二十一日午前一時十五分、呼べど叫べど応えなくなり、引き入れる呼吸もなく、長い吐く息を最後に散っていった。二十三歳の若さ、結婚して百三日間の花嫁であった。思えば哀しき不憫《ふびん》な女であった。妻として私に抱かれて死んでいったのがせめてもの幸福と言えようか。慕われていただけに、力の限り愛してあげたのだからと、自らの心を慰《なぐさ》めた。今日の医学を以ってすれば救えたのにと、ときどき訪れる思い出は悲しい。

葬儀は二十二日に行われ、若き妻、田村初子は渋谷区幡ヶ谷葬祭場の煙突から昇天して行った。当日妹も来ており、じっとわが悲しき姿を見ていたが、自分の悩みは言い出せず、うちしおれて帰ってしまった。

台のついた一片の木片と化した妻は、暗い床の間に座っている。実母は毎日線香をあげに来る。自分も哀れであるが、逆縁となった年老いた母の、込み上げて来る嗚咽《おえつ》を抑えようとする姿は見るに忍びなく、言葉もなかった。

遺骨を抱いて故郷に向かった。われら子孫によき恵みをと願いを込めて建立した祖先の墓に、真っ先にわが妻が入ることになるとは、善因善果の仏の教えもみな是空《ぜくう》であった。

悲しさと寂寥《せきりょう》に暮れて二十二日目、一通の電報が届いた。開ければ〝ハナシンダ、スグコイ〟

とある。妹が死んだのだ。原因は何かと、妻の在世中訪れてきたときの様子を思い浮かべながら、桜井さんに頼んで一緒に松岡家に向かった。そこで、妹は病躯を苦にして自殺したと聞かされ、後悔と悲しみが全身を襲った。

結核に蝕まれ、そのつらさに耐え切れず、生きる希望も失ったのだろう。度重なる悲運に見舞われた兄に、自らの病まで相談して心配をかけたくなかったのか、一言も発せずに一人命を絶った。十四歳で母に死別し、転々と奉公に出され、娘盛りに花も開かず、つぼみのまま妹は妻の後を追った。桜井さんと二人で遺骨を引き取り、運命、宿命とは諦め切れない断腸の思いで、幡ヶ谷葬祭場に向かった。

遺骨と俗名のままの位牌が亡妻の位牌と並んで床の間に留守居する切なさは、こうした悲運に見舞われた者だけが知る真如である。

妹、はな

こうした不幸の連続に自らも命を絶つのではないかと心配した故郷の姉達は三人の姪を留守番によこし、この姪達のおかげでわが家もにぎやかさを取り戻し、耐え忍びがたき悲しみもいささか慰められた。

その年は、くすぶっていた中国問題に火がつき、いわゆる満州事変となり、大東亜戦争へと発展していく先駆けとなった年である。

いつまでも姪達を置いておくわけにもいかず、帰郷させたのは年の暮れであった。またさびしくなった。

毎日毎夜二つの位牌を眺めては悲しみに暮れるのは耐えられない苦痛だった。その苦痛から逃れようと、カフェー通いに精を出した。意気揚々と帰ったが、電灯のスイッチをひねれば二つの位牌が出迎える。途端にさっき飲んだはずの酒も、受けたサービスもどこへやら、位牌を背にして寝るしかなかった。

# 第十一章　第三の妻を迎える

こういった遊びを繰り返していたある日、ある運転手と組み合わせられた。乗務中彼は、「オイ、田村君よ、君の不幸は聞いているが、一生一人でいるわけにはいくまい。おれの親しい家にいい娘がいるんだが、貰わないか」と、またまた嫁の話を持ちかけてくる。どこの人だと聞くと茨城県取手の出身で、今は新宿柏木にある従兄の工務店の手伝いをしているという。和裁は先生級だし、性格も温和な娘さんだと勧めてくる。「ありがたい話だけれど、二度も妻に死別しているから、妻を持つということが怖《こわ》いんだ。もし貰うとしても、よく調べて丈夫で強いのでなければ」と答えたら、「丈夫で強いことならオレが保証する。何しろ丙午《ひのえうま》だからな。君のように強い男は丙午に限る」とたたみかけてくる。聞けば今二十六歳だが、迷信で婚期が遅れただけだという。そのときは、考えておくとだけ返事をしておいた。

三度目の妻を娶るとすれば、第一、第二の場合の反省を含め、よくよく考えた上でなければ踏み切れない。第二の妻などは私と結婚しなければ死には至らなかったろう。人は死ねば美化されるが、第二の妻のように結婚して百三日目で死別したとあれば、お互いの欠点も見出せず、一層の美しさだけが残る。思慕の情が倍加されるのも当然である。そんな心境の男に嫁いでくる嫁の方が気の毒である。しかし、終生独身を通そうと思っても親族や友人や世間が許さないのがこの社会だ。二人も殺したのだから、いっそのこと今度は丙午《ひのえうま》に食われてやるかという心境にもなったりした。迷信から婚期を逃したという身体健全な女を私が貰って幸福にしてやれば、そんな迷信を打破することにもなる。それでも心はまだ逡巡し、決めかねていた。すでに先方に話をし、期待を持たせてしまったらしく、執拗になってきた。考えるといっても、そうそう返事を延ばせるものでもない。えい面倒だ、貰ってしまえと決意し、返事した。善は急げとばかり、一九三二年（昭和七年）、亡妻の一周忌を終えて結婚した。

しかし、亡妻と同じ庵《いおり》に住んだことは間違いであった。進まぬ気持ちも心のどこかにくすぶっていた。にもかかわらず結婚したことは不幸の始まりで、第三の妻には気の毒な結果を招いてしまった。両者の一生にかかわることである、仲介者に非礼を詫びても、断ればよかったと後悔することもあった。立ち退きが執行されるまではと、新婚生活を亡妻と同じ住まいで暮らし始めたが、亡妻の母は毎日供養に姿を見せる。引っ越してしまえば母は線香を立てにも来られず、

第三の妻、むめ

後足で砂をかけたことになるとも思ってここに留まったのがいけなかった。第三の妻には毎日線香を立てに来るからと頼んでおいたが、その母の諦め切れない無念さが伝わってきて、第三の妻はやりきれない思いを重ねていたらしい。それでもときには、亡妻の母の肩を揉む姿も見られたが、鬱屈した思いで苛立っていたに違いない。第三の妻は割合無口でおとなしく、それだけに明朗さに欠け、暗い陰があった。

しかし程なく、予定の家屋取り壊しの日限が迫り、転居せざるを得なくなった。今後の生活に影響するような因縁は、この際断ち切るよい機会だと、道路拡幅を歓迎した。そんな折、妻の従兄の工務店の奥さんが、隣の二階が空いたから引っ越してきなさいと知らせてくれた。渡りに舟の気持ちで転居した。亡妻の母はさびしそうにしており、公的な原因で転居するのだから仕方がないと言ってはいたが、さすがにうなだれていた。しかし、妻の親族がそばにいるというのは、よいようで悪い場合もあった。

なまじ親族の元にいるより赤の他人の方がいいと、柏木二丁目のスラム街に転居した。八畳に二畳の二間の二軒長屋である。〝貸家〟と斜めに貼られていたはり紙のように、家も少々傾斜していた。

あるとき妻が突然、どこか一戸建ての家に引っ越したいと言い出した。それならお前が探して来いと、相談は一決した。やがて妻は、中野区相生町十三番地（今の中野区本町）の高台に物件を見つけてきた。崖っぷちに建っているだけあって日当たりもよいが風も強かった。家賃は十七円と少々高かったが、よかろうと、方角も家相も頓着せずに、手伝いを頼んで、そそくさと引っ越してしまった。六畳と四畳半、それに二畳の小部屋も玄関脇についていた。以前は誰かの隠居所だったのか、茶室もどきの建て方で、春先などは眺めがよく、環状六号線が南北に走っているのもよく見える。宵闇が迫ると、どの家にも灯りがともって、どこか温泉郷を偲ばせる。しかし、この住所が妻の生涯の地となろうとは予想だにしなかった。

# 第十二章　第三の妻も逝く

結果として、その後十三年間もこの住所に留まることになる。太平洋戦争の終焉時、つまりポツダム宣言受諾まで、この地で生を存《なが》らえた。その間、警察という国家機関の弾圧を受け、理不尽な生活を余儀なくされ、資本主義的経営に邁進する市電気局の暴圧に耐え、留置場にぶち込まれたりもした。

この住所に引っ越す前に、素人占いの友人が、淀橋から見れば君の借りる家は割合によいが、方角は鬼門に当たる。つまり暗剣殺もどきだからよしたほうがよいと言われたが、妻は乗り気だし、当時は別に気にもせずに、移り住んだ。

妻は無口で、陰気なたちであったためか、性格は私と合わなかった。亡妻は二人とも明朗で、愛すべき性格であった。死んだからこそ美化され、いつまでも心に残ったとも言えるだろう。こうした追慕の念が新たな出発に踏み出した夫婦間の溝を深めた面もある。私の不在中、妻は前妻の写真に爪を立てたこともある。これについては前妻の写真を残しておいた自分の配慮のなさを責めねばならない。そんなこんなで新生活は争いが絶えなかった。遂には外泊することもあった。

ある外泊の翌朝、心配しつつ帰宅すると、雨戸が閉まったままであったので、田舎へでも帰ったのかと思いながらも、ひび割れた戸の隙間から薄暗い部屋を覗くと、妻がぽつねんと座敷に座っていた。その不憫な姿に心を打たれ、自分の勝手な行為を恥じた。前妻の面影に気を残す夫に嫁ぎ、愛されもせず、外泊されても実家にも帰らず、暗い部屋に一人夫を待つ心のうちが察せられて、ひしひしと申し訳なさが込み上げてきた。悪しきを詫び、それまで口にしたこともない慰めの言葉を綴《つづ》って、明日からをかたく誓った。

翌日勤務の帰途、淀橋成子坂を通りかかると、武蔵屋呉服店のウインドウ越しにセルの着物地が目に映った。少し派手かなと思ったが、子供がいるわけでもないのでいいだろうと一人合点して買い求め、妻に見せて気に入らなければ取り替えてもらう約束をして持ち帰った。妻に見せると案ずるには及ばず、嬉しそうな笑顔を初めて見せた。肩にかけて斜めにしたり縦にしたりして鏡とにらめっこしていた。その姿はほほえましく、罪滅ぼしとはいえ、買ってきてよかったと気が晴れ晴れした。妻は早速その日の夜から物差しを取り出して丈を計り、仕立ての準備に取りかかっていた。和裁はなかなかの腕、三日ほどすると、出来上がったよと着て見せてくれた。そのまま着ていたらと言うと、普段着にはもったいないから、今度どこかに出かけるときに着るのだと、そそくさとたたんでしまった。そのときは、これが冥土の晴れ着になろうとは夢想だにしなかった。

縫い上がって八日目、昭和九年五月四日だった。隣家の奥さんが大久保電車営業所に駆け込んできて、妻むめの急病を知らせてくれた。事務職とは違い、現場の乗務員は哀れである。営業所に帰るまでは如何ともし難い。近親者の死に目に合えなかった人は枚挙に暇《いとま》がないのである。

やっと知らせを受け、自転車のペダルを踏み落とすほど漕ぎ続けて駆けつけたが、すでに応答はなく、かすかに呼吸をしているだけだった。隣家の奥さんの話では、三百メートルほど先の風呂屋に行く途中出会い、世間話をしているうちに突然顔面蒼白となり、倒れたとのこと。奥さんは、子供を背負いながらも、妻を抱きかかえて崖の上のわが家まで運び込むと、すぐ医者を呼んでくれた。女医の診察では急性脳膜炎とのことであったが、私は念のためかねてからお世話になっている成子天神社脇の松田医師に立会いを求めた。診断の結果は脳栓塞(現在の脳血栓)であった。医師の説明によると、この病人は心臓が悪かったはずだという。確かに妻は先天性心臓弁膜症で、常に体温が三十六度以下だった。やがて脈をとっていた医師が残念ですと、一言告げると、呼吸が止まった。言い残す言葉もなく、私を置いて妻は不帰の客となった。

余りにもあっけない最期であった。夫婦にとって一番楽しかったのは、安中の姉さんが訪れたときだ。たしか昭和八年の春先のころであった。三人連れで浅草に映画を見に行った。映画は、〝人を切るのが侍ならば〟の主題歌が流行した「侍ニッポン」であった。それともう一つ、市電局恒例の家族慰安会に連れて行ったときも、天にも昇るような喜びようであった。そんな思い出を心に浮かべながら、湯灌した。落ちる涙の粒が遺体を拭うアルコールを薄めていく。死出の化粧は隣家の奥さんがしてくれた。仕立て上がったセルの単衣《ひとえ》が死出の晴れ着となってしまった。素人占いが予言した通り、自らの最後の場所を無意識に暗剣殺の方向に求めたのも、定められた運命であったのかもしれない。葬儀については東交労組の同士諸君が総がかりで行ってくれた。

また一つ位牌が増えた。手伝いかたがたにと、郷里の姉達がそれぞれの子供を三人もまた留守番にと送ってよこした。次から次へと襲う不幸の連続は自暴自棄を誘い、どうせ死ぬならと、遊びにも磨きがかかっていった。

# 第十三章　第一次市電更生案反対闘争

このころ、市電当局は、サービスを向上させ共に増収をはかろうと、労組側に協力を求めてきた。しかしその増収とは労働者の労働過重によってもたらされるに過ぎず、その裏には賞与や諸手当の削減といった狼策が隠されていた。市電気局は七百万円に達する赤字解消を叫ぶが、赤字の原因は従業員の怠慢によるものでないことだけは従業員の勤務時間表を見れば明らかである。かつての東京鉄道株式会社の買収に始まった赤字が、大震災、郊外電車の市内乗り入れ、省電（後の国電、現ＪＲ）の延長、地下鉄の出現、バスや円タクの急激な増加、加えて市理事者の放漫経営で膨れ上がったのだ。にもかかわらず市当局は、常にその責めを従業員に押し付けてきた。市政の議決機関も市議会という名誉的存在に過ぎず、上層部の配分的天下り人事を敷くだけで、交通事業に何の知識も持たない無能者を局長の椅子に座らせたりするだけであった。

こうした悪政のつけが従業員にしわ寄せられ、待遇改悪の鎚《つち》となって打ち下ろされたのである。東交労組はサービス向上は当然とした上で、更生の手段として、一億円公債の市会計への移管、国鉄当局に対する省電延長による損害補償、為替差益金の国庫補償等を求めて当局と市参事会及びその他の関係機関に働きかけた。しかし彼等はわれわれの要求を一顧だにせず、局長に命じて賃下げと労働強化を強行しようとした。もちろん、この命令を全うできない局長が馘首《かくしゅ》の運命にさらされることは言うまでもない。このため闘争は毎年繰り返され、結果として五百万市民は迷惑、不便の犠牲を余儀なくされた。しかし東京市民は根源に思いを馳せることなく、スト、怠業の責めの全てを従業員のせいにする傾向が強かった。

今日なら頼みの綱ともなる報道機関までが真実を伝えず、弱者征伐で争いを鎮めようとした。こうした状況下で、市民と直接接しなければならない乗務員は、この雲助野郎と、耐え難い屈辱的罵倒を浴びながら闘ったのである。

年中行事化した闘争の果てに、昭

新宿支部第四組組長時代。後列右から２人目が私。

和九年、第二次市電更生案が登場してきた。その頃私は新宿支部第四組組長となり、労組支部の評議委員に選ばれていた。すでにわが身を組合運動に投じようと決意していたのである。

# 第十四章　昭和九年九月二日未曾有《みぞう》の弾圧下る

かねてより理事者間で練られていた第二次更生案は、恐るべき内容と推測されていた。昭和九年九月二日午前十時、警視庁労働課と丸ノ内警察署員多数の厳戒の下、電車、自動車、電燈、工場の各所長及び共済組合部会員、健康保険組合会議員等八十名が従業員代表として市商工奨励館会議室に集められた。席上、山下又三郎電気局長以下理事者は、年八百五十万円の赤字補塡を目標に、人件費、公債、電力と三項目に分けた次のごとき整理案を発表した。

人件費関係

一、職員を除く全従業員一万百三十九人に所定の退職給与金並びに整理手当を支給し一旦退職させ、これに引き続いて新規採用を行い、これまでより低い給料で就業させることによって三百二十万円を節約する

二、技師、技手、事務員、雇員二千八百名中、三百八十名を馘首《かくしゅ》し、四十万円を節約する

公債関係

一、二億円の公債を低利借換えし、これにより八十万円を節約する
二、同長期借換えにより、三百二十万円を節約する

電力関係
一、自給計画による電力料金の節約によって百万円を節約する

一斉解雇、低額な更改給による継続採用という前古未曾有《みぞう》の暴案は、まさに鬼も獣も遠く及ばない殺人案であった。しかも九月十日までに申出なき場合は、この弾圧案を承諾したものと看做《みな》すというのである。

これに対してさすがに社会も唖然とした。なかんずく東京帝大（現東大）法学部の法学博士末弘厳《いず》太郎先生（戦後中央労働委員会会長）は、天下に悪例を残すとしてこの更生案を厳しく批判した。

八月中よりすでに闘争態勢にあった闘争委員会は、激怒しながらも詳細な説明を求めた。その内容は次の通りであった。

一、従業員全員を解雇する
但し、電車女子車掌、日給一円五十銭未満の技工、日給一円未満の普通雇員及び運輸補助手は除く
二、解雇した全員を即時新規採用する

日給は現在給より初任給（一円二十五銭）を控除した差額の一割を加算したる金額とする

この一斉解雇により支給される退職金と整理手当金は、合計二千四十五万二千十二円となる。一方、新規採用による更改給は現給与に比して二割から五割七分、平均四割強の減俸となる。

当局の打つ手が早く、闘争準備は後手に回っていた。そのため即時に戦端を開くのは不利とみた東交首脳部は、品川埋立地にあった料理屋「いけす」において急遽闘争委員会を開き、陣営の状況を確認し合い、これを踏まえて対策を立て、各支部に指令第一号を発した。

そして九月三日、左記の要求書を山下局長に提出し、暴案の撤回を迫ったが、局長は即時にこれを拒絶した。

要求書

今回電気局の発表せる大整理案は全従業員に餓死を強要するものであって我等の断じて承服し能《あた》わざる所である。よって即時之《これ》が撤回を要求する。

一方、内務省、陸軍省、憲兵司令部、警視庁等、監督官庁に対する了解と陳情運動を行うとともに、四日、全市民諸君に訴えるビラを大量に散布した。同時に、市議、区議、町会長、青年団、在郷軍人団、防護団等に対しても、「飢餓より逃れんとする一万一千従業員とその家族五万人の悲痛な叫びと闘争を御理解、御同情下され、どうか私共の戦いを勝たせて戴きたい」と結んだ書面を発送し、合わせて各支部の評議員級を動員し、陳情に努めた。もちろん東京や地方の友誼《ゆうぎ》団体の代表を本部に招き、状況報告をした上で支援を求めたことは言うまでもない。この要請を受けて関東労働組合系の組合により市電争議支援団が組織され、市従本部に事務所を設置、活動を開始した。九月四日には交通総連盟の大阪市電自動車部も代表を送り込んできた。

戦前においては罷業を断行した闘争はまれであった。それほどこの大暴圧案は目に余るものであり、社会の批判を浴び

昭和９年９月２日の大弾圧に抗する市電気局新宿電車闘争委員会。前から３列目、中央から右に、やや首をかしげているのが私。

たのも当然であった。この闘争の詳細は昭和三十三年発行の「東交史」などで詳述されているので割愛する。

# 第十五章　第四の妻を迎う

この争議中、自宅は団員の宿舎に使われていた。従って、管轄の中野警察や警視庁労働課、さらに特高警察がわが家から監視の目を離さなかった。やがて争議は解決し、支部役員の改選にともない、私は電車部新宿支部副部長に選ばれ、同時に大久保班長の責務も負わされた。

わが家を闘争の根拠地として出入りしていた組合員などから、またまた妻帯の話が寄せられてきた。ありがたいことではあるが、三人にも先立たれていては誰でも結婚恐怖症にかかり、容易にそんな気になれはしない。自分は組合運動に身をゆだねるのだと、あちらこちらから寄せられる御好意を受け流していたのだが、そんな言い逃れを許さない強敵が現われた。その人物が新宿支部の元老、片倉純次である。消費者運動にも先見の明があって、労友社という、今日の生活協同組合にあたる組織を運営していた。背は低いが言い出すことは大きく、心臓も強い。しかも人に信用がある。この元老が、ある日二人の同志を引き連れてやってきた。また組合の話かと思っていたら、開口一番、「君は東交電車部新宿支部の副支部長だ。これから支部長となり、新宿支部五百人だけでなく、東交一万一千名のために活躍を期待もされている。人は妻を持ち、夫を持ってこそ大衆の信を得るものだ。その信を背景に活動すべきだ」と一くさり演説をぶって妻帯を強要してきた。一緒に来たのは同組の変人、村山多重郎氏と堺利彦先生の信奉者、古崎平三郎氏(後に日本共産党に入党)の二人で、片倉元老を先頭に三人から攻めたてられた。当初は、三人も妻を亡くしているのだ、そんな後釜に嫁ぐ物好きなどいるはずがないと高をくっていると、その物好きがいるからこうして出向いて来たのだと言って、容易に言い逃れを許そうとしない。

とうとう根負けして、「どうせ世話してくれるならその物好きに本当のことを話して十分納得の上で会わせてくれ。ただし、丈夫で長持ちするタイプじゃなきゃだめだ」と言うと、待ってましたとばかり、「心配には及ばんよ。健康の見本みたいな体格だ。しかも一等看護婦の免許も持っていて、とさかの先まで脳みそが詰まっているほどの頭脳だ。顔だって見ればすぐ好きになること請け合いだ。本当から言えば君には過ぎた人かもしれない。おれ達が許される境遇なら貰いたいほどだよ。もし君が断ったら米をこぼすようなもので、もったいないことこの上ない。後で後悔することになるぞ」と、たたみかけてくる。「とにかく一度見合いをすべしだ。日時と場所はおれ達が決める」とまさに半命令口調で引き払って行った。考えるに、彼等の支持を得ない限り、五百名を越える大支部の幹部なぞ務められはしない。ましてや目の前に局側からの逆襲が待っている。貰ってももう死ぬようなこともあるまい。見合いをすれば体格もわかることだし、そもそも今までのが虚弱過ぎたんだと、その気になった。

やがて片倉元老が見合いの日時と場所を知らせてきた。場所は新宿二丁目の太宗寺に近い、俗にけとばし屋と呼ばれる桜肉屋だというから驚いた。何ぼ何でもけとばし屋で見合いはないだろうと言ったら、悪魔をけとばすんだからいいのだとこまった顔を見せるどころか、逆に快気炎をあげる始末。

君には過ぎる人だという言葉が頭のてっぺんにひっかかったまま止まっている。看護婦は当時も今も白衣の天使と呼ばれる。確かに聖職に準ずる仕事で、国家試験も厳しく、インテリ層に属していたことは知っている。それに比して、こちらの方は不幸にして、貧窮に喘《あえ》ぎ、ろくな教育も授けられなかった。官立高小も中退という代物だ。事と次第によっては向こうからけとばされる可能性もある。四度目でもあり、ひけ目もあった。社会一般の相場から言えば喜び迎えられる経歴ではない。

幾つになっても見合いは照れくさいことだ。一応の挨拶を済ませ、全容を見る。後は上目、横目と品定め。大いにわが好む容姿だ。それに体も丈夫そうだ。

看護婦時代の妻、サダ

昭和九年十二月九日、片倉純次夫妻が媒酌人となり、自宅にて結婚式を挙げる。新婚旅行はなしであった。

花嫁も手伝ってあとかたづけを済ますと、ひとまず一服と、渋いお茶を入れてもらった。結婚についてなら博士号をもらってもおかしくない経験から、仲人七嘘のことわざ通り、まとめるために双方にうそをついているはずである。そのうそが後で発覚し、悲劇のどん底に落とされた女性もいる。両者のために真実を知り、知らせておくことが必要である。自分の方から切り出すのが順序であろうと判断し、仲人達は今度で何回目の結婚になると言っていたのかと問うと、二度目のような話でしたとの答えが返ってきた。そうか、そうだろう。彼等はだましたのだ。「私は悲しいかな四度目なんだよ。葬祭屋のように御祝儀と葬式を三度ずつ繰り返してきたのだ。仲人にうそは付きものだ。今夜ここに泊まるとうまくないから、私が送ってあげるから帰った方がよい」と促すと、しばらくうなだれていたが、「来てしまったのですからいいですよ」とポツリと答えた。彼女もすでに二十六歳、人生の分かれ道ともいえる年齢であった。それから四十余年、幾多の困難を共にしてきた。

午年生まれではないのですが、顔が少し長いのです。然し天の配剤、片方がまるいので、足して二で割ることにしました。挙式の翌日、昭和9年12月10日撮影。

# 第十六章　義兄の訃報
## ——賃金三割引き上げ闘争

結婚の翌年、昭和十年の春、私も更改採用を選び、整理手当を含めると二千四百円ぐらいの退職金をもらった。従って新しい妻には当面切ない生活をさせることはなかった。

ある夜半過ぎ、妻に揺り起こされた。家の外を誰かが歩いていると小声で言う。聞き耳を立ててみると、確かに歩く音がする。泥棒でも来たのかと、さらに耳を澄ましてうかがっていると、歩く音は西廊下の方で消えた。不思議さと気味悪さを覚えながらもまどろんでいると、暁近く〝電報！〟と玄関をたたく音。寝衣姿の妻がご苦労様と受け取った電報には、「トクマツシスグコイ」とあった。まだ五十歳の働き盛り、死ぬなどとは夢想だにしなかった。さっき西側廊下に消えた足音は、さては死のお告げであったかと、常に唯物論にしか耳を傾けてこなかった私もぞっとした。

義兄は大酒豪で、常々不摂生のそしりを受けていた。上州気質まる出しで、半親分的なところがあり、呑む打つ買うの三道楽を全て具えた人物であった。

こういう義兄であったが、私にとっては親にも勝る存在で、上京に際しても大いに激励してくれた。その上、当時小遣いにしては大金であった十円を旅費にしろと磯部の駅で切符といっしょに握らせてくれた。こうした義侠の数々を他人にも施していたに違いない。母亡き後は、この義

義兄、箕輪徳松。昭和３年撮影。

兄の家が郷里での私の靴の脱ぎ場所になっていた。それだけに失った衝撃は大きかった。

早速妻を同伴し、上野駅へ。追想すればするほど母や私への援助のあれこれが思い出され、実の姉よりも親近感が強かった。いくら気の強い姉であっても、それは兄あっての強さに過ぎず、大黒柱を失って途方に暮れている姉の姿が目に見えるようであった。生前の兄の活動からして、交際範囲も広かったろう。みじめな葬儀はできない。先立つものは金だろう。更改採用に伴って手にした退職金と整理手当の半分を共済組合から払い戻し、葬儀費用に充てようと持参していった。案の定気の強い姉も葬儀費用で悩んでいた。会った途端、「徳次、困ったよ」と、弱音をはいた。「姉さん心配するな、おれが用意してきたよ」と言って七百円を渡し、葬儀の準備をさせた。やはり義兄の交際は広く、弔問客は知る人知らぬ人大勢で、故人の徳が偲ばれた。無事葬送を済ませ、有難がる姉や親族を後に、松井田駅から東京に向かった。隣駅の磯部を通過するとき、十五年前、義兄にこの駅で見送られたことを思い出して、汽車の窓から外を眺めて泣いた。

## 第十六章　義兄の訃報
### ――賃金三割引き上げ闘争

この頃、東交本部定期大会において、電車部早稲田支部長中島喜三郎氏が執行委員長に選ばれた。三役の席にはこの時代に欠かせない人材、河野平次氏等が並び、賃上げ闘争の陣容が整えられた。島上善五郎氏等の目を見張らせる活躍により、六大都市交通労働者の結集体、交通総連盟も組織された。こうした態勢を背景にして、各界からの委員を交えて民間からの市電更生案が作成された。委員に委嘱されたのは鈴木茂三郎を始め、立石信郎、道家斉一郎、高橋亀吉、黒田保次、浅沼稲次郎、阿部茂男、麻生久、松岡駒吉、河野密、加藤勘十、橋本富喜良等々多彩であり、組合からは牧野松太郎、河野平次、佐々木瀞三、北田一郎の四人が参加した。

更改給実施以来、従業員の日常生活も変化した。退職金と整理手当で得た金を無意味に遊興に使い果たした者もいる一方、まじめな人達は半減した毎月の給与をこの金で補填していた。しかし、このままでは従業員の生活が先々破綻することは明らかだった。

昭和十年十二月五日、組合は賃金三割引き上げと民間市電更生案の即時実施を求めて、時の局長後藤悌次氏に提出した。後藤局長は、「賃上げについては総額四十万円を精勤手当ないしは奨励手当として、全従業員に一定比率で支給する。しかし市電更生案については即時実施はできない。ただし共鳴する部分もあり、その点に付いては出来る限り実行に移す考えだ」と回答してきた。この回答には二時間以内に受諾しない場合は白紙に戻すとの付帯条件が付いていた。局長が交代してもこうした威嚇的姿勢は一向に変わらなかった。

かねてから警視庁は、組合首脳部に対し、平和的交渉により問題の解決を図るようにとしきりに勧告していた。その上で、組合幹部が地下にもぐることは非合法ゆえ厳重な取り締まりをすると釘を刺していた。局長の回答を受け取った組合首脳部と闘争委員が不満の表情で引き上げてきた途端、待機していた警官が突然襲いかかり、数名を検束した。しかし、組合側もこうした事態が起こることを察知していて、即座に第二首脳部を発動し、第一首脳部が用意しておいた緊急指令を発した。数箇条からなる緊急指令には事態を予想した左記の一箇条がある。

我々の公明正大な合法的行動に対して万一弾圧が下され、本部役員が検束されるが如きこと

があっても行動は絶対に打ち切らず、釈放せらるる迄は全員が身を以って断固闘争を継続すること

緊急指令に基づき、組合は二十二日、一斉に怠業に入った。今度の怠業は「健康を保持するために八時間乗務とし、それ以上は乗務しない。非乗務員についても時間外勤務はしない」という遵法闘争の性格を帯びていた。これによって減車は七割に達した。こうした組合の安全デー、親切デーと称した怠業に対して当局も対策がなく、拱手《きょうしゅ》傍観するしかなく、お手上げの状態であった。しかも、郊外の電車、バスも我々の闘争に刺激され、賃上げ闘争に突入するきざしを見せ始め、そのまま放置すれば東京市内外ともストの嵐に見舞われかねない様相を呈していた。

怠業に留まらず、組合は家族ぐるみ闘争を開始した。わが東交の草分け的存在である島上善五郎氏は郊外電鉄の京成電車の争議で、すでにこうした家族団の形成に尽力している。新宿支部では、森村五月君が本部員となったため、留守部隊長の任務が私に回ってきた。私には、その任務にともなって家族団を形成し、これを統括する責務もあった。

家族の皆さんの集合場所として借り受けたのは階楽荘という貸席兼割烹《かっぽう》旅館で、現在の新宿区役所通り東側遊歩道(元は交通局の専用軌道であったが、一九七五年、山本新宿区長によって設置された)沿いにあった。指令を受けて、背負われ、胸に抱かれ、はたまた手を引かれて、何も知らない子供達が親と共に集まってくる。この家族の父親が同志として今闘っているのだ。闘いに破れれば、このいじらしい子供達も生きることが出来なくなる。昔の諺《ことわざ》に「四百四病の病よ

り、貧よりつらきものはなし」とある。貪欲な当局に闘いを挑むべく、集まった家族と共に勝利を固く誓い合った。集合した同志の妻子の顔がかすんできてしかたがなかった。

淀橋警察は臨監を派遣して、ものものしい警戒に努めている。臨監は警部補が担当していた。壇上に腰掛けて、サーベルを突き立て、家族を睥睨《へいげい》している。私は組織の留守部隊長として、情勢報告や本部と支部の連絡事務と共に、家族への攻撃をはね返す教育と訓練を施さなければならなかった。当局は、就業か馘首《かくしゅ》か二者択一を迫る内容証明郵便を家族のもとに送り付けていたからである。

各支部の分会も警察の監視下に行われ、組合員の「早く始めろ」の怒号を背に壇上にかけ上がったものの、「諸君!」と第一声を発した途端「弁士注意!」の大声が飛ぶ。まさに言論の自由などあったものではなく、やむなく万歳三唱に切り替えようとすれば、これも中止を命ぜられる始末であった。

ほどなく釈放され帰ってきた首脳部は、弾圧の嵐に悔し涙を流しながらも、要求と回答の大幅な隔たりを認識し、これ以上の闘いは困難と判断し、一旦鉾《ほこ》を収める決意を固め、闘争委員会を招集した。猛り立つ組合員を前に首脳部は、組合壊滅を避け、余力を残して後日に備うべしと結んで、一カ月間の準備のもとに断行した期待の賃上げ逆襲闘争を、血涙を飲んで終結させた。なお、四十万円の細目は本部一任ということで了承された。

この闘争をめぐって様々な思い出がある。本部からの指令に基づいて、新宿支部五百余名の総引き上げ場所を神奈川県大山に決めたことから、会計の片倉氏と共に大山の先達さんに会い、支部の命運を祈願したこともある。また、久しく御無沙汰している義太夫の師匠を訪れて事情を話し、師匠宅をレポの連絡場所にさせてもらったが、却ってとんでもない結果を招いてしまった。淀橋署はその事実を察知し、私服刑事を送り込み、田村の友人だと偽って何も知らない師匠から茶菓の接待まで受けていた。おかげで支部の闘争委員は、連絡に師匠宅を訪れては次々に淀橋署に運ばれていった。

当時新宿電車営業所の所長をしていたFもよく記憶している人物だ。背が高く、目の下に一段と顔を引き立てるほくろが愛敬の貴公子タイプで、付近のカフェーの女給さん達のあこがれの的であった。剣道を学び、乗馬をたしなみ、よって姿勢がよく、その姿は男でも見ほれるほどであった。しかしその心根は外見とは正反対で、従業員の評判はすこぶる悪かった。支部の機関決定に従って交渉を申し入れると、彼はすぐに淀橋と四谷の両署に通報し、サーベルの力にすがって組合の行動を阻もうとする。まさに自主行政の才能のかけらもない男であった。警察もまた、こうした要請に番犬の役目を諾々と果たしていた。

新宿電車営業所は当時、淀橋警察の管轄であったが、そこから南側の新宿三越までは四谷警察の管内で、両警察からにらまれる場所に位置していた。自宅から自転車を走らせて職場に入ろうとすると、両脇の横丁から両警察の私服が飛び出してきて、行く手を遮られることが度々あった。ひとまず自転車を営業所に収めてくるからと言うと、自転車共々警察で預かるからと、そのまま留置場送りとなった。

# 第十七章　当時の留置場風景

毎度毎度の警察接待で、警察内に知人、顔見知りが増えてきた。中には思想犯で捕まっている有名人もいて、平林たい子や中条百合子（後の宮本百合子）が保護室と呼ばれる留置場に入れられていた。

その隣の第一房の客となったときである。大竹というがっしりした体躯の男が入ってきた。職業は廃品回収業である。留置場では縊死《いし》防止のため、バンド、帯など紐として使えるものはもちろん、ふんどしまでも取り上げられてしまう。長い着物やズボンの人はよいが、印半纏などの短い上衣だけの人は生まれたままの姿にさせられてしまう。まことに珍風景であった。放り込まれてきた大竹君も半纏の古いのをひっかけていただけで、やけっぱちの態であぐらをかいていた。

やって来たのは大竹君をぶち込んだ西口浄水場前交番の巡査である。つかつかっと第一房の前に立つと、「大竹、この野郎、何であぐらをかく、正座しろ」と怒鳴った。その怒鳴り声が消えるか消えないうちに、大竹が爆発し、「おれが何の悪いことをしたというんだ、こんなところに二度も放り込みやがって」と怒号した。巡査は、この野郎何を言うとばかりに牢内に躍り込むと、折檻棒でぶんなぐったからおさまらない。大竹も即座に反撃に転じ、巡査に組み付いた。柔道の心得があったらしく、大竹の攻撃で巡査はたちまち音《ね》を上げ大の字に伸びてしまった。これを見ていた看守が大竹に飛びかかっていったが、これもたちまちのうちに天を仰いで伸びてしまう。騒動を聞きつけて刑事部から雪崩《なだれ》のように刑事達が襲いかかってきた。多勢に無勢、さすがの大竹君も手錠をかけられ、縛りあげられ、入り口の格子戸に吊るされてしまった。

十分、二十分と経過した。床はしたたり落ちる大竹君の汗でびっしょり。こちらの方も、非人間的なやり口に義憤がつのり、抑えざるを得ないのがつらい。そのうち調べ室から別な警官が現われて、早く謝ってしまえと諭《さと》しに来る。しかし彼は謝らず、四十分も頑張ったが、力尽きて気を失ってしまった。警官達は大急ぎで彼を降ろし、水をぶっかける。映画で見る徳川幕政下の拷問さながらであった。

当時、人権という言葉はあったかもしれないが、警察では通用しなかった。知識人、有名人はいざ知らず、一般の人々、ことに女性達は恥部まで弄《もてあそ》ばれたと伝え聞く。さもありなんと頷けた。

市電争議は年中行事と化していたため、留置場での起き伏しも多かった。ある怠業闘争でしょっぴかれたときは九尺四方、すなわち四畳半の広さに二十五人が詰め込まれた。新入りのわれわれに対して、「君達は東交か、また争議か」と問いつ悟りつ、「オイ、泥棒は皆立て、争議の諸君は座れ」と号令をかけたのは監房長、いわゆる牢名主である。牢名主は真ん中に大の字に寝る。これを中心に取り巻きが互い違いに鮭の切り身のように寝る。立てと命じられた泥棒達は夜八時から明朝五時まで立ちっぱなしである。一番の問題は小便である。朝までがまんできない年寄り達のために、お厠《しょく》と称する便器が、今にも切れそうな細い紐で吊ってある。がまんできなくなると、鮭の切り身をまたいで、お厠《しょく》の上に開いている穴から用をたす。年寄りほどどうしてもしずくがこぼれやすい。切り身は横になっているのだから、立っている者より楽ではあるが、夜露とも朝露ともつかぬ、なま温かいしぶきをかけられることになる。座ることができたのは有難かったが、頭の上には例のお厠《しょく》が、いつ切れてもおかしくないほど細いくたびれた紐でぶらさがっている。切れたら中身を頭から浴びることになる。戦々恐々とはこのことだ。笑いごとではなかった。

それでも男はまだよい。女性は生理的にも精神的にも気の毒千万だった。みだらな笑みを浮かべているのは看守とサーベルだけである。便所は汲み取り式で、看守から見通しのきく突き当たりにある。戸外では春風に着物の裾を押さえていた女性もここでは無神経にならざるを得ない。今でも田舎に行くと、開き戸が下半分しかない便所があるが、留置場の場合は反対に戸が付いているのは上半分だけで、下半分が空いているのである。汲み取り式だから逃亡を防ぐというのがその理由だ。幾ら恥ずかしくても丸見えで用を足さねばならない。人権も何もあったものではない、神経無用のところなのだ。

調べ室では指の間に鉛筆をはさむ拷問や竹刀《しない》の上に座らせるなど、新憲法下ではうそとしか思われないようなことが、白昼公然と行われるのが留置場という牢屋であった。

# 第十八章　全日本労働総同盟の誕生
## ――日本無産党に入党

昭和十一年、総同盟と全国労働の合同で、全日本労働総同盟が誕生した。その一方で、満州事変以来台頭してきたファッショの影響で、愛国労働組合を看板に掲げる組合が産声を上げていた。リーダーは橋本欣五郎と中野正剛である。こうした動きの余波を受けて、天皇機関説の美濃部達吉先生がやりだまに挙げられた。右翼、在郷軍人等が、美濃部は謀反人、反逆者だと決めつけ、貴衆両院も天皇機関説排撃を議決した。流れに便乗して、天皇は無限の統治権を持ち、しかも神であるとの論者まで現われ、われわれが呆然とする歴史へと突き進むのである。

ファッショは既存の労働組合にも介入し始め、東交電車新宿、早稲田両支部の幹部や評議員クラスにもその触手を延ばしてきた。新宿支部では大久保班を除いてほとんどの班が取り込まれてしまったが、支部長森村五月、副支部長田村徳次、同斎藤俊の三人がファシズムに反対し抵抗していた。

この頃軍隊でも反乱が起こり、永田軍務局長が相沢中佐の凶刃で刺殺されるなど、不穏な事件が続発していた。十一年には二・二六事件が起こった。昭和史を血に染めたこの事件は、職業軍人を中心に、右翼間の皇道派と統制派との対立によって引き起こされ、斎藤内務大臣と高橋蔵相等の政府要人が殺害された。戒厳令が敷かれ、東京市街白皚々《はくがいがい》の都大路に砲列が据えられ、香椎戒厳司令官が反乱軍に発した有名な「今からでも遅くはない」云々の放送が流れた。新聞紙面には政府要人の殺害と広田内閣誕生の文字が大きく躍っていた。

この事件のおかげで、労働者の唯一の祭典、メーデーが禁止となり、第二次大戦が終了するまで再開されることはなかった。

わが家では、無事息災の妻の腹が次第に目立ち始めていた。第二子の妊娠だ。十一年十一月十五日長女分娩。多野郡新町にある妻の実家から母を手伝いに呼ぶ。去年は長男、今年は長女。この調子で生まれていったらわが家の人口は雪だるま式に肥大して、やがて過密状態にな

二・二六事件。外務省（左上）と内務省（右上、現人事院ビル）の十字路を封鎖した反乱軍の兵士。
（毎日新聞社刊行『1億人の昭和史』より）

ることは必定。ここは一番考えておかなければと思案の腕を組んだ。

子供がふえるほど給料はふえない。ことに市電気局長は市電の身売り案まで組合に提示している有様だ。市政に関心を寄せる東交は、十一年六月の東京府議会選挙で、東交本部書記の北田一郎と日本無産党の中島喜三郎を当選させ、さらに同年十一月には、確か十七名だと記憶しているが、多数の区議会議員を当選させている。そして翌十二年三月十六日の市議会議員選挙に日本無産党に入党した北田一郎を渋谷区から、下谷区からは社会大衆党の佐伯健を立候補させ、闘う体制作りに奔走した。一方、組合活動においては、市従、水従の同士諸君と対市共同闘争同盟を結成し、賃金二割引き上げの嘆願書を提出し、全市怠業決行の狼煙を上げるなど、多忙をきわめていた。

私は経済闘争一本槍の方で、政治への介入は避けるべきだと考えたこともある。しかし、更改給闘争以来、市電だけに留まらず東京市政そのものを考えざるを得ない闘いの日々を迎え、また一方では、警視庁が当然とってしかるべき中立の立場を放棄し、我々の合法闘争に対しても忠実な番犬よろしく、権力をたくましくして弾圧を日常化するに及び、政治に目覚めて行った。まさに政治は生活であり、その善し悪しが国民生活に甚大な影響を与えることを悟らされた。北田、中島両氏の指導と勧めもあったが、政治闘争の必要性を認識し、自らも進んで日本無産党に入党した。

満州事変以来、国家社会主義的運動方針を採択する労働組合が数を増し、闘争放棄、産業協力、挙国一致を是とする傾向が顕著になった。こうしたファッショ的風潮が次第に強まる最中《さなか》、フランスやスペインの人民戦線に倣い、日本でも広く反ファッショ人民戦線を組織する狙いで、労農無産協議会が結成され、東交は当然の如くこれに加盟した。同協議会は昭和十二年、社会大衆党に対し、人民戦線を共に闘うべく合併を呼びかけた。しかし社大党、というより同党の幹部は、人民戦線はわが国の社会情勢を無視する非現実的闘争と決めつけ、合わせて、政治戦線統一運動をも目的にしていた同協議会の方針を拒否した。そのため同協議会は独自に全国レベルの政党として再出発を決め、日本無産党が誕生した。こうした確執があったものの、北田、佐伯の両氏の当選を見たのは、幸いであった。

# 第十九章　日華事変の拡大と右翼化の嵐
## ——中野警察とのおしめ戦争

この間、日華事変は好ましからざる方向へと進行していた。東交は、合法左翼として常に闘争第一主義の組合と看做《みな》されていただけに、取り締まり当局からは白眼視されていた。しかしその東交も、十二年十月十日に開かれた定期大会で、一切の国内での相克を排除して挙国一致の実をあげ、有史以来の重大時艱《じかん》突破に邁進する内容の運動方針を決定した。その一節を左に記《しる》す。

運動方針

（前略）我が組合は、この非常時局に対応すべく、与えられた部署に於いて銃後の産業を忠実に守り、精神的にも物質的にも挙国一致に進んで協力し、必要なる国民的犠牲に応ずる覚悟の上に、新たなる活動方針を樹てなければならぬ。

由来、我が組合は労働条件の維持改善、其の他組合大衆の現実的福利を擁護するを以って最大の任務とする経済運動の団体である。これは何時《なんどき》如何なる事態の下に於いても不変である。闘争は決してそれ自体が目的なのではなく、組合の任務を果たさんが為の已むを得ざる場合の手段である。しかるに従来は客観的情勢と当局の攻撃挑戦に起因する所多いとは言え、闘争第一主義的傾向が強く、大衆の現実的福利よりも闘争そのものに拘泥《こうでい》する嫌いさえあったのである。これは労働組合共通の、弊《へい》たる強き思想的影響に禍《わざわい》される所のものである。このために我が組合は、世間より往々にして政治闘争を目的とする闘争激発主義の左翼組合と誤解されていた。これは決して我が組合の健全なる発達を期する所以《ゆえん》ではない。

我が組合は茲《ここ》に今日の客観的情勢と組合本来の任務を確認し、国情の現実に即せざるファシズム並びに共産主義的方針を排除し、資本主義改革の立場から、従来ややもすれば陥り易く誤解され勝ちであった闘争激発主義的傾向を克服清算し、産業協力の指標の下に組合本来の健全なる任務に就かんことを明らかにし、当面次の如き具体的活動をなすものである。(以下略)

さしもの東交も押し寄せる時流の波は防ぎ切れず、運動方針の修正、闘争主義の放棄、産業協力等々を宣言した。これが弾圧を避けるための方便か、時流に対する霞網か、はたまた生きて不日の決起に備えるための一歩後退二歩前進の布石であったのかは、運動方針を書いた起草者でさえ、その胸のうちは玉虫色であったのではないか。

この運動方針のもとに、十一月五日、交通総連盟拡大中央委員会は、次のような綱領を決定した。

綱領

一、我等は健全なる自主的労働組合を強化し、団体協約を結び、労働条件の維持改善を図り、又自ら相互扶助的事業を興《おこ》し、労働大衆の福利増進を期す
一、我等は交通、電気産業の社会的使命を自覚し、人格の研磨、知識の向上を図り、和衷《わちゅう》協同以って産業に協力し、労働者の職分を完《まっと》うせん事を期す
一、我等はファシズム並びに共産主義を排し、国情に即した合法的手段に依り諸種の社会立法の充実を図り、進んで資本主義の改革を期す

しかし東交はその一方で、時局の重圧に慴伏《しょうふく》し、一般の組合員の政治意識が次第に後退することを恐れた。と同時に、政治問題に熱中する余り、組合内に分裂相克をもたらすことのないようにと配慮し、社大党、日本無産党のいずれにも一方的支持を排し、中立的立場を堅持した。その上で、両党の速やかなる合同統一を期待した。すなわち組合尊重を第一主義とし、両党に対する各個人の入党の自由選択を許容したのである。

運動方針の転換等、予防的措置を取っていたのにもかかわらず、昭和十二年十二月十五日、人民戦線派に官憲の手が入り、日本無産党、全評(日本労働組合全国評議会)、全農の幹部が一斉に検挙された。そして同月二十二日には、日本無産党と全評は結社を禁止された。人民戦線運動はコミンテルンの新方針を実践するものであり、反戦思想を流布宣伝し、国家の方針に協力しないというのが結社禁止の理由であった。

翌十三年二月一日、第二次人民戦線検挙事件が起こり、大内兵衛、有沢広巳らの大学教授グルー

プが検挙された。第一次、第二次を通じて検挙された主なる顔ぶれは、この二名の他に、山川均、荒畑寒村、猪俣津南雄、向坂逸郎、鈴木茂三郎、加藤勘十、黒田寿男、高津正道、安平鹿一、高野実などで、合計四百名に及んだ。東交も佐々木滸三、島上善五郎、北田一郎、中島喜三郎らの各氏を始め、計三十七名が検挙された。

このころから私の身辺もうるさくなってきた。中野警察は本庁の刑事と共に突然わが家を訪れたり、近所をうろついては嗅ぎ回って歩き、まさに野良犬のようであった。近所の人によると、「この辺に変な野郎が一人住んでいるので、ちょいちょい見に来るのだ」と私服刑事が言うので、誰かと問いただすと、「田村という奴だ」と答えたと言う。

権力から白眼視されながらも、新宿支部では執行部の改選が行われ、私は多数の支持を得て支部長に当選した。副支部長には森村五月と斎藤俊の両名、理事には金野五郎と吉田某が選ばれた。当選後直ちに第一回幹部会を招集した。これは、部署、任務の分担を決める重要な会議である。新幹部のうち政党色のなかったのは斎藤俊君ただ一人であった。私は日本無産党、金野、吉田の両氏は時流に便乗した新日本国民同盟で、しかもその主軸をなし、オルグの役割も担《にな》っていた。議決機関である支部評議員の総数は、計二十四名であった。内訳は新宿班十六名、大久保班八名であった。新宿班中十二名は新日同盟で、彼等は新宿支部の執行権を握る機会を狙っていたのである。隣接する早稲田支部も同盟旋風に席巻されていた。

会議開会と同時に同盟側の猛襲が待っていた。支部長として提示したわが素案はことごとく否決されてしまったのである。反ファッショの共同戦線を張ってきた森村君も社大党に属し、私の所属する日本無産党とは距離を置く立場となり、しかも、私が支部長に選出され二人の地位が逆転したため、黙して動こうとはしなかった。

こうして私は一日で支部長の座を退かなければならなかった。腹が立ったが、執行部総辞職以外選択肢はなかった。労働組合が政党に触手を延ばすことが火中の栗を拾う結果となることは今も昔も変わらず、組織を破壊しかねない危険さえはらんでいる。私はありのままを声明書につらね、あっさりと下野した。そして男らしく運転手を志願して、青山教習所通いの身となった。

労組幹部を退いても警察の目は光っていた。昭和九年以来の労をねぎらうため、友人や支持者達が、新宿駅前柳通りの「やぶ蕎麦」で慰労会を開いてくれた。初めのうちはまじめに、明治末期から大正時代へと元号を追いながら、思い出話や身の上話を交えながらも、当面する労組の現状分析と今後の対策等を話題にした。ひとまず話が途絶えたところで、琥珀色の液体がお銚子という容器に満たされて運ばれてくる。一杯喉を潤すと、一座は佳境に入る。どうだい、ここらで支部長もひとつ歌えと促された。もう支部長ではないのだが、しばし呼ばれなれた肩書きに嬉しくなり、よしとばかりに立ち上がった。電車屋の集まりだ、電車の歌がよかろうと、深川節にのせて、当時多かった東北出身の乗務員になぞらえて、替え歌を披露した。

東北育ちの電車の車掌
こがるる何としょ
銀座尾張町の乗り換え場

どら声張り上げて
新宿《すんずく》信濃《すなな》町《まつ》築地《つくづ》方面の方は乗り換え
てなことおっしゃいましたかね

拍手喝采であった。ある市議会の先生が、宴会では芸でも歌でも一つにしておけと教えてくれたことがある。なるほどと感心して、なるべく教訓に従っていたが、アルコールの関係とその場の雰囲気でブレーキが故障してしまった。よせばいいのに、諸君にひとつ革命歌を御披露しようと、一段と声を張り上げた。

嗚呼革命は近づけり　嗚呼革命は近づけり
起てよ白屋襤褸《はくおくらんる》の児　醒めよ市井の貧窮児
見よ我《わが》自由の楽園を　蹂躙《じゅうりん》したるは何者ぞ

見よ我《わが》正義の公道を　壊廃したるは何奴ぞ
我等は寒く飢えたれど　なお団結の力あり
森も林も武装せよ　石よ何故飛ばざるか

余りのにぎやかさに、警邏中の警官が聞きつけ、私服が駆けつけてきて、お楽しみのところを失礼しますと入り込んできた。声はやさしいが白眼が拡大していた。「今ここで革命歌を唄っていたのは誰だ、お前だろう。ちょっと来い」と言われて、ホテル代の要らない淀橋警察の別荘へと連行された。

当時の警察では、労働組合は取り締まるべきもの、労働運動は犯罪なりが常識であった。従って、経験者が語り、雑誌や書籍に記録されている通り、組合関係者に対する取り扱いは犯罪人同様であった。

警察は天皇をかさに、上意下達よろしく何でもかんでもへへーと従順なるをまともな人間とし、意見を述べたり、それが社会の進歩につながるとしても従わざる者は反逆者、謀反人として官費を使ってマークしていた。私も変な野郎とされていたから、その費用は中野、淀橋、四谷、本庁のいずれかの警察費の一部に計上されていたはずだ。警察にとっていくら変でも、家族からすれば、また、組合員大衆からはよい野郎と愛されていたと自負している。

このよい野郎も、貧困生活の中で増えていくのは子供ばかり、昭和十三年にはまた妻の腹が大きくなってきた。もうたくさんだ、生んでくれるなと思ってもそうは言えない。六月になると次女がわが家の人口に加わった。物資の欠乏は太陽が昇るたびにそのスピードを増していく。一番困ったのはおしめの材料だ。なにしろ三人の子供全部が常用者であるから当然で、それに付随して洗濯物も多くなり、物干竿が一段また一段と高くなっていく。わが家にありてはおしめが頭上になびき、職場に行けば赤旗がなびく毎日だった。

その頃、天皇が環状六号線を通るというお達しがあり、中野警察はその前日より警戒を厳重にして、何か目障りなものはないかと視察に努めていた。たまたま目にとまったのがわが家の物干しだ。環六から直線距離で二百メートル、相生町の高台に色とりどりの布切れをつぎ合わせたおしめの陳列が風になびいている。とても美しいとは言えない代物だ。内心、この代物が玉眼に映って見苦しいと言われはしないかと、気にはかかっていた。私が自転車磨きに夢中になっていたとき、中野警察の警部補と巡査がサーベルをガチャつかせ、「オイ、今日の昼ごろ天皇陛下が環六線をお通りになることを知っているか。すぐにこのおしめを片付けろ」とぬかしたから、カチーンと頭に来た。「冗談言うな、このいい天気に干さなければ、明日の天気に干せるかどうかわからない。子供のいる家庭におしめが干してあるのは当たり前だ。子供は国の宝だと言って、生めよふやせよとのたもうたのは何処の誰さんなんだ。私は絶対に干し物は下げないよ」と頑張った。仕方なく二人は、苦虫をかみつぶしたような顔で、ブツブツ言いながらも帰っていった。

数日後、中野警察から呼び出し状が届いた。何ごとかと開いてみれば、妻サダは看護婦免状の書き換えをしていない。入籍すれば書き替えの手続きをするのが当然だ、いまだに飯島サダのままになっているのはけしからんとのお達しだった。早速免許状を持って出頭せよ、日時に限りをつけたいかめしい呼び出し状であった。面倒だからおれが行ってくると、免状ならぬ看護婦手帳を持って自転車を走らせた。

出頭命令書を差し出すと、ちょっと待っておれと、一時間以上待たされた。こらえようがなくなり催促すると、受け付けた警官が奥に消え、代わって現われたのが、天皇お通りの下検分に来た例の警部補だ。「看護婦手帳を持ってきたのか」と、最初から威嚇の態度だ。「そのために来たのだから持って来てるよ」と、こっちも大喝で答えた。「どうして書き換えに来ないのだ」と怒鳴る。「今は看護婦をしてないからだ」と言うと、将来はまたするのかと問い返してきた。「これからのことはわからない」と答えると、君ではだめだから本人をよこせときた。「本人は子供が多くて来られないからおれが来たのだ。そんな面倒なものならこんなもの要らないや」と、叩き返して帰ってきてしまった。

妻は待ちわびていた様子で、帰るとすぐに、「お父さん、書き換えてくれた」と尋ねてきた。内心、まずいことになってしまったと後悔していたが、「待たせた上に、七面倒なことを言われたんで、こんなもの要らないと手帳を叩き返してきたよ」と答えた。妻は驚きの余り呆然として、「お父さん、そんな簡単なものじゃないよ。私は免

昭和４年、看護婦試験合格の式典後の記念撮影。向かって左端が妻、サダ

状を取るのに……」と、免許取得までの努力の数々を口説かれた。「そんなことは言われなくたってわかっているよ。そんなに言うならお前が行ってみろ。さんざん待たされたあげく、酢でもないコンニャクでもないことをぬかしやがって頭に来たんだ」と言ってはみたが、短気は損気の譬《たと》え通り、少々気が短すぎたかと、後悔に心が痛んだ。「悪かったけど、取り返しには行かないよ。お前に看護婦をやってもらうつもりはないんだから」とは言ったものの、組合の幹部に明日の保証はない。市電当局からはマークされている身であれば、いつ馘首《かくしゅ》という運命が戸をたたくかもしれないから、妻に働いてもらわないとは断言できない。しかし、行きがかりで妻にこう言ってしまった以上、押し通すしかない。結局、妻は、黙り込んだまま、無念の後姿を見せて家の奥へと引っ込んでしまった。

威勢のいいのも時と場合と相手によると、大失敗を振り返ったときにはすでに遅かった。

# 第二十章　まあいいだろうが失敗のもと
## ――大事故を起こす

教習を終えて、一人前の運転手として乗務に就いた。交通労働者共通の悩みは、朝早かったり夜遅かったりで、勤務時間が一定していないことだ。妻が果たす役割も大変だ。家族と一緒に食事ができるのも公休日ぐらいのものだ。一度で済まない食生活、そして光熱費も倍かかる。サイレンや汽笛一声で就労するサラリーマンや一般の工場労働者とは比較にならない。乗務になればガタガタ揺れて、胃下垂にもなりやすい。鉄道関係の乗務員といっても、市街地を走る都市交通と省線に代表される長距離輸送では、労働者の負担には大きな違いがある。前者は、他の乗り物との併用軌道であるため、いつ何が軌道内に侵入してくるか注意を怠ることができず、末梢神経を常に働かせていなければならない。すなわち肉体労働だけでなく、精神労働も強いられているのだ。後者の場合は、軌道内に侵入してくる者といっても自殺者ぐらいのもので、信号と踏切を始め機械装置が充実しているので、余計な神経をすり減らす必要がない。事故は、夫婦げんかや悩み事が原因で注意力散漫から起こることが多い。私の場合はこうした悩みより、短気に損気の方が心配だ。元来気の長くない方だから人間の習性以上に、運転するとすぐにスピードを出したくなってしまうのである。

十三番線というのが私の乗務路線であった。そんな性格から、新宿角筈―万世橋間約七キロを十七分で運行したこともある。前を走る車両に追い付いてしまったことも度々あった。そんなぐあいだから、車掌さん達は大喜びだ。ことに女子車掌の諸君は切符切り専門であるから、接近運転で取り扱い客数が減り楽ができ、走り屋運転手を歓迎する。鈍行運転手と組めば常に満員盛況で、男女を問わず車掌はのろい運転手を敬遠する。組み合わせは車内名刺入れに入れた順序で組まされる。のろのろ運転手が名刺を入れると、組み合わされることを恐れてなかなか車掌が名刺を入れようとしない。勤務係が大声で、早く入れないと遅刻するぞと脅している風景がよくあった。組み合わせは男女間の交友や恋愛にも利用され、仕事をしながら一日楽しもうとする

昭和 11 年、大久保電車にて。
新宿支部副部長、健康保険組合会議員時代。

## 第二十章　まあいいだろうが失敗のもと
## ——大事故を起こす

ちゃっかり組もいた。そんな他人事を言っている私も同じ穴のムジナで、憎からぬ相手と組み合わされたおかげで、危うく命を落としかけたことがある。

あるとき、角筈発お茶の水経由八重洲口行きの路線に女子車掌と組んで乗務した。彼氏がいるというのも頷ける、なかなかの美人であった。運転中ブレーキが甘いのが気掛かりで、用心しつつ帰ってきたが、入庫しようとすると彼女が、あと一回で勤務が終わるから万世橋まで乗務してくれないかと頼んできた。電車はブレーキが頼り。自動車のようにハンドルが切れるわけではない。危険に遭遇すれば止める以外に手だてはない。その命の綱のブレーキが甘いとあって逡巡したが、せっかくの頼みだ、後続の電車には彼氏とうわさされる運転手が乗務しているし、デートの約束もあるだろうと、引き受けたのが間違いであった。万世橋まで行けばいいのだと注意を払いつつようやくお茶の水にたどり着いた。前方の松住町の信号は赤であったが、交差点に行き着くまでには青に変わるだろうと、電車を発車させた。前日まで信号は赤と青の二種類だけであったが、この日から黄色の注意信号がつけられることになっていたのに、数日前から掲示されていた注意書きを読んでいなかった。松住町に近づくと、黄色に信号が変わったから驚いた。大急ぎでブレーキをかけたが、効かなかった。さらば電気ブレーキを効かせようとあせってみたが、遅かりし由良之助であった。折悪く、駒込線からトラックが一台お茶の水方面に向かってのこのこ現われた。あっと思ったときには、大衝突事故を起こしていた。

電車の前部は破壊され、私はマンスバルブと衝立の間に下腹部をはさまれ気絶。便乗していた交通巡査に抱き起こされ、「大丈夫か」と声をかけられて、ようやく気がついた。同時に、「お客さんは大丈夫ですか」と、その巡査に問いかけていた。巡査は車内を振り返り、「客は大丈夫だから、君は早く医者へ」と、慫慂《しょうよう》する。トラックの運転手は電車との間に投げ出され、頭部を負傷したらしく、医院へと向かった。私は起き上がるとすぐ小便をしてみたが、血尿はなかった。内臓はやられていないと判断し、少しほっとした。

やがてその巡査が立会人となり、駆けつけた線路監督と頭部に分厚い包帯を巻いて戻ってきたトラックの運転手を交えて、現場検証を始めた。運転手も正直者で、電車が来たのには気がついたが、この車は三十五年型のフォードで、急停車しようとしたがブレーキが効かず、さりとて急速度で走り抜けようとしても、すぐにはスピードが出ないと証言した。彼我ともに欠陥があった。こういう車同士が突然出会えば衝突しないのが不思議なくらいだ。

電車のブレーキが甘いのに気がついていたのに入庫しなかった責任に加え、信号機変更の注意書きを読まなかった責任もあり、弁解の余地はなかった。当然、相当厳しい処分を受けると予想していた。しかし、例の巡査は私に有利な証言をしてくれた。いわく、この運転手は実に責任感の強い男だ。あれだけの衝撃を受けながらも客の安否を気遣うとは感服の至りだと、助け舟を出してくれた。譴慎を申し渡されたが、公傷との取り扱いで罪一等を減ぜられ、医者からは、向こう三カ月の休養加療を要すという診断書をもらった。

変な話だが、私の大事なところは紫色に腫れあがっていた。これで妻とは同じ屋根の下に起居するだけの関係になり、子供のできる心配もなくなったと思った。しかし生きがいがなくなってしまったと、がっかりもしていた。ところが二カ月もたつと、そんなことあったかいなと問い返したくなるほどの回復振りであった。

ここで一言、密行について触れておきたい。密行とは従業員の不正をあばく服務係のことである。乗車料金の着服だけではなく勤務態度も監察する特権的な存在であった。あまり切符を切りにいかなければ、お客さんは料金だけを払って降りていく。切符に相応しないこうした過剰金を切り漏れと呼ぶ。乗務員にはこの切り漏れをわがものにしようと、運行中に軌道に落としておく者がいる。私金携帯は禁じられていたから、こうした手を使ったのであろう。男なら酒、女、ギャンブルにおぼれている者、男女ともよく月賦でものを買う者や売り上げ金が常に少ない者等が内偵の対象とされた。検挙するときには、客に化けた密行が数人で一度に襲いかかる。この瞬間、容疑者はすでに犯罪者扱いにされ、手や襟首を摑まれて、床に引き据えられる。

私は、うっかり釣銭を制服のポケットに入れ忘れ、疑われてはまずいと、やむなく相当額の切符を切らざるをえず、無念の思いをしたことがある。釣銭といえど、二円といえば当時は一日の給与に匹敵した。中には不当な取り調べに対して抗議し、公務執行妨害で馘首《かくしゅ》された気の毒な幹部もいた。

組合は、密行制度の廃止と、容疑者の取り調べに際しての立ち合いを要求したが、終戦に至るまで実現しなかった。

## 第二十章　まあいいだろうが失敗のもと
## ——大事故を起こす

電車運轉系統及停留場一覽圖
昭和六年四月一日現在
凡例
營業所所在地
電車乘換場
電車終点
電車停留場
BY T.S.
早稲田
早稲田車庫前
鶴巻町
江戸川橋
大曲
飯田橋
九段下
九段上
神保町
小川町
錦町河岸
須田町
萬世橋
松住町
御茶ノ水
駿河臺下
水道橋
春日町
本郷三丁目
上野廣小路
上野公園
上野驛前
三ノ輪車庫前
千住大橋
千住新橋
南千住
雷門
吾妻橋西
駒形町
厩橋
淺草橋
兩國
東兩國
錦糸堀
龜戸
柳島
淺草驛
向島
吾妻橋一
吾妻橋二
業平橋
猿江裏町
大塚驛
大塚仲町
巣鴨車庫前
下板橋
飛鳥山
駒込車庫前
神明町車車庫前
上富士前町
本郷肴町
白山上
護國寺前
茗荷谷
小石川表町
人形町
水天宮前
本石町
日本橋
茅場町
森下町
萬年町
千田町

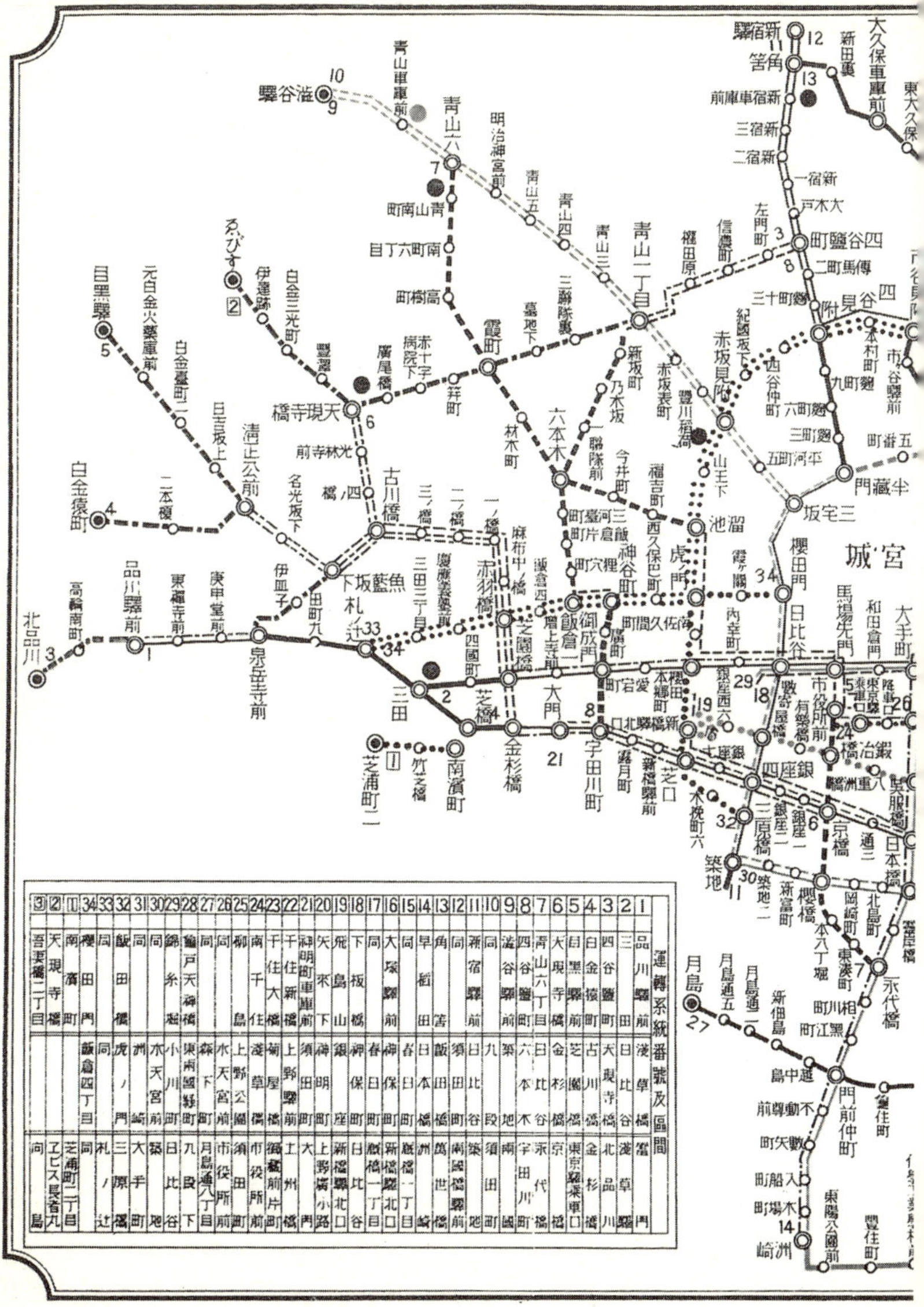


| 運轉系統番號及區間 | | | |
|---|---|---|---|
| 1 | 品川驛前 | 淺草橋 | 雷門 |
| 2 | 三田 | 日比谷 | 淺草驛 |
| 3 | 四谷鹽町 | 天現寺橋 | 北品川 |
| 4 | 白金猿町 | 古川橋 | 金杉橋 |
| 5 | 目黑驛前 | 芝園橋 | 東京驛乘車口 |
| 6 | 天現寺橋 | 金杉橋 | 京橋 |
| 7 | 青山六丁目 | 日比谷 | 永代橋 |
| 8 | 四谷鹽町 | 六本木 | 宇田川町 |
| 9 | 澁谷驛前 | 築地 | 兩國 |
| 10 | 同 | 九段 | 須田町 |
| 11 | 新宿驛前 | 日比谷 | 築地 |
| 12 | 同 | 須田町 | 兩國驛前 |
| 13 | 角筈 | 飯田橋 | 萬世橋 |
| 14 | 早稻田 | 日本橋 | 洲崎 |
| 15 | 同 | 春日町 | [illegible]橋二丁目 |
| 16 | 大塚驛前 | 神保町 | 新橋驛北口 |
| 17 | 同 | 春日町 | [illegible]橋一丁目 |
| 18 | 下板橋 | 神保町 | 日比谷 |
| 19 | 飛鳥山 | 銀座 | 新橋驛北口 |
| 20 | 矢來下 | 神明町 | 上野廣小路 |
| 21 | 神明町車庫前 | 須田町 | 大門 |
| 22 | 千住新橋 | 上野驛前 | 土州橋 |
| 23 | 千住大橋 | 菊屋橋 | [illegible]前片町 |
| 24 | 南千住 | 淺草橋 | 市役所前 |
| 25 | 柳島 | 上野公園 | 須田町 |
| 26 | 同 | 水天宮前 | 市役所前 |
| 27 | 同 | 森下町 | 月島通八丁目 |
| 28 | 龜戸天神橋 | 東兩國綠町 | 九段下 |
| 29 | 錦糸堀 | 小川町 | 日比谷 |
| 30 | 同 | 水天宮前 | 築地 |
| 31 | 同 | 洲崎 | 大手町 |
| 32 | 飯田橋 | 虎ノ門 | 三原橋 |
| 33 | 同 | 同 | 札ノ辻 |
| 34 | 櫻田門 | 飯倉四丁目 | 同 |
| ① | 南濱町 | | 芝浦町二丁目 |
| ② | 天現寺橋 | | エビス長者丸 |
| ③ | 吾妻橋二丁目 | | 向島 |

東京都交通局刊行『都電60年の生涯』より

昭和19年5月、10銭に値上げ。

昭和20年12月、20銭に値上げ。

昭和21年3月、40銭に値上げ。

昭和22年2月、50銭に値上げ。

昭和22年6月、1円に値上げ。

昭和22年9月、2円に値上げ。

昭和23年6月、3円50銭に値上げ。

昭和23年8月、6円(通行税を含む)に値上げ。

昭和24年6月、8円(通行税を含む)に値上げ。

昭和25年8月、8円に値上げ。

東京都交通局刊行『都電60年の生涯』より

# 第二十一章　再び新宿支部長に返り咲く
## ——右翼ファッショの嵐吹きすさぶ

私は、組合幹部に復帰する機会を狙っていた。昭和十三年秋には改選がある。組合活動を休止してからすでに一年半が過ぎようとしていた。時代の荒波が国の内外に、そして組合にも波及していた。わが家も家族が増え、生活を支えるそれなりの対策を考えざるをえない状況であった。

時代は軍国主義、植民地主義を目指していた。国民重視と思われたのは厚生省の創設ぐらいで、これとて運営如何によっては先行きどうころぶかわからない代物だった。隣国、中国では、背後に相容れない共産勢力をかかえながら国民党を統率する蔣介石が、抗日、排日運動を展開していた。意のままにならないのに業を煮やし、日本政府は遂に、国民党を対手とせずとの声明を発表した。この一方的な声明文が発表されたのは、たしか十三年の正月だったと記憶する。

三月に入るとナチス・ヒットラーは、ドイツとオーストリアの合併を強行し、白い牙をむき出しにして、第二次世界大戦への除幕式を行った。これに呼応するように日本政府は、国家総動員法を公布し、臨戦体制を固めていった。とき最中《さなか》張鼓峰では、精鋭を誇る関東軍がソ連軍と激突し、後日のノモンハン事件の前奏曲を演じていた。

国内では総動員法に基づく挙国体制確立のため、産業報国会が結成された。従業員の利益を護るはずの労組幹部もこの機関に取り込まれ、胸に一物背に荷物という、いわば二重人格的な活動を余儀なくされた。

いつの世にも、恥も外聞もかなぐり捨て、時流に便乗して得をしようとする輩が多い。組合内部でも新日本国民同盟や東方会などが、ファッショのお先棒をかついで、先取主義とばかり、組合解消論を携えて会議に臨んでいた。戦前は名実ともに軍国主義者、戦後ともなると民主主義者に早変わりし、今なお命を存《ながら》えて地方議員の役職に名を連ねている者もいるが、名は伏せておく。

これらの組合解消論者に対して中央委員会は断固たる決意で除名処分にした。さすがに伝統を誇る東京都労働交通組合であった。

昭和16年、大久保電車支部長時代。
元老、片倉氏と職場にて。

この年の末、幹部改選が行われ、私は再び新宿支部長に選ばれた。

明けて昭和十四年、平沼内閣となり、戦争への準備のため米穀の配給統制が実施され、物資に対する購買の自由が剥奪された。

騎虎の勢いたる軍部、とりわ

け関東軍は、張鼓峰での戦闘でソ連軍を過小評価し、ノモンハン事件を挑発した。しかし、ソ連の機械化部隊と空軍の猛襲にさらされ、制空権は制圧され、さんざんな敗北を喫して撤退を余儀なくされた。ただしこの事件はひた隠しにされた。

五月になって独伊軍事同盟が調印された。洋傘を杖にしたスタイルで有名な英国首相チェンバレンの度重なるヒットラー参りも徒労に帰したわけだ。わが国では国民徴用令が公布され、人々は戦々恐々の思いにかられた。この重大なときに、労働者の結集体、全日本労働総同盟が再分裂し、旧労農派は産業報国倶楽部を創設。これも吹きすさぶファッショの嵐に巻き上げられた舞いの一つである。

独伊軍事同盟を果たすと、ヒットラーは東欧への侵攻に障害となるソ連を押しとどめておくために、その下ごしらえとして独ソ不可侵条約を締結。その最中《さなか》、平沼内閣が倒れ、阿部内閣が成立した。だれが内閣のイスに座ろうと、労農大衆の団結権をはぎとろうとしていたのは明らかだった。九月に入ると独軍がポーランドに侵攻し、ここに至って英仏両国は対独宣戦を布告した。第二次世界大戦の勃発である。

日本政府は徐々に独伊に接近し始め、日独伊三国の軍事同盟締結を画策。いよいよ参戦の足音が聞こえ始めると政府は、国内体制を早急に固める手だてを講じた。政党や労組を始めとして平和を守らんとする民主団体に対して解散を奨励し、遂には圧力をかけてきたのである。同時に、賃金統制令の勅令を公布して賃金闘争を抑制し、労働組合の最重要任務を放棄させようとした。

一方、中国では、日本政府のカイライたる汪兆銘が反蔣介石の旗印を掲げ、政権を樹立。続いて日本軍は仏印（フランス領インドシナ）に進駐し、ここに至って第二次近衛内閣は大東亜共栄圏の宣言を発表した。国内では、半官製的な翼賛制度が敷かれ始め、政治、経済、文化のあらゆる側面に亘って全体主義的な再編成が行われていった。

こうした流れに押されて社会大衆党でも対立が起こり、自ら消滅への道に踏み出していた。社大党は昭和十三年十一月の全国大会ですでに、階級闘争によって資本主義を改革せんとする方針は誤りであるとの宣言書を採択していた。このころになると、さらに事態は深刻化し、全体主義の道を歩み始め、中野正剛の東方会との合体すら企てる幹部が出る始末だった。さすがにこれに根強く反対する勢力もあり、深刻な対立の末、合体は阻止されたが、やがて爆発する時限爆弾の導火線になった。

国は、こうしたファッショ勢力に圧され、戦争へとまっしぐらに進んでいた。自由を束縛する法令が次々に公布され、統制に次ぐ統制が断行された。総動員法、国民徴用令、賃金統制令、米穀その他の生活用品の統制など目白押しで、遂には政治も思想も統制せんとする勢力が芽を吹き、根をはやしていった。

何でも統制の時代にあって唯一無統制であったのは出産であった。それどころか産めよ増やせよの大号令である。この号令を順守したわけではないのだが、妻の妊娠はすでに四度目になっていた。子供達のおしめ洗いも台に載せた盥《たらい》でするようになり、健康な妻さえ、肩で息するほどである。物資欠乏時代の子沢山な家族の疲労を一身に背負った姿は感服に値した。第四子は月足らずの七カ月で生まれた。第三女である。自分の子としては美しかった。しかし、物資欠乏時代に未熟児を一人前に育て上げるのは困難中の困難である。懸命な努力でようやくよちよち歩きできるまでになり、かわいい盛りであったが、生まれた時代が悪かった。はかない運命の子であったことは後に譲る。

## 第二十一章　再び新宿支部長に返り咲く
### ――右翼ファッショの嵐吹きすさぶ

# 第二十二章　東交も遂に解散、産報へ

明けて昭和十五年二月、再開された議会で、日華事変を批判した斎藤隆夫議員の議員除名問題が起こった。民政党所属の斎藤隆夫議員の演説が反軍演説と非難されたのである。その演説の内容は、日華事変批判と軍部の横暴を突いたものであったと聞く。反独裁への意思表示をしたものであり、保守党といえども民主主義者として敬服すべき勇気ある議員であった。

斎藤氏の議員除名に反対する安部磯雄、片山哲、水谷長三郎、松本治一郎、富吉栄二ら十名の社会大衆党議員は、採択に当たって本会議を欠席した。そのため社会大衆党は中央執行委員会を開き、安部、松本を除く八名の議員に離党を勧告したが、拒絶されたため除名を決議した。委員長であった安部磯雄には特に敬意を表し、松本氏に対しては党友の由《よし》、除名しなかったと記されている。

保守党の中にも魂のある人はいた。政友会久原派の牧野良三、芦田均氏ら七名の議員が反対投票を行っていた。政友会は、これらの議員を一旦離党させ、即日復党させた。

これに対して社大党の取った態度は情けなかった。社大党に憤慨したのは斎藤氏の議員除名に反対した先の十名の議員ばかりではなかった。多数の党員が、今や社会大衆党は勤労階級の政党としてたのむに足らずとして大量脱党し、安部、松本氏らを中心に、直ちに新党結成の準備を始めた。昭和十五年三月末日、全国代表者会議が開かれ、五月十二日を期し、勤労国民党の結成大会を開くことを発表した。ところが五月七日、突然に新党準備会は解散を命ぜられた。理由は、同党結成分子の従来の思想行動及びその結成の経緯から察して、無産階級を基盤とする社会主義による階級政党を樹立するものであり、その結社は事変下の現状に照らし、安寧秩序を害するというものであった。

安部磯雄はこの年の十二月二十三日、代議士を辞任することになる。社会主義の父として、明治以来生涯を通じてその志操を守って変わることのなかった安部先生も、遂に迫り来る風潮に耐え切れなかったに違いない。

一方、刻一刻と強まっていく時局の重圧を受ける社大党も遂にこれに耐えかねて、同年七月六日、政、民両党に先んじて解党した。ここに大正末期に誕生して以来、十五カ年に亘って苦難の道を歩んできた無産政党は、名実ともに全くその姿を消したのである。次いで七月十六日、政友会が、八月十五日には民政党が相次いで解散した。というより、独裁の嵐に押しつぶされたというべきであろう。政党の解党を受けて、八月二十八日、新体制準備会が設立され、この準備会が十月十二日、大政翼賛会と改称されて、上意下達の新体制が確立された。

この波紋が労働組合に及んだことは言うまでもない。かつて市電争議調停委員会議長であった吉田厚生大臣は、「政府は労働組合の発展的解消を希望する。今すぐ強制解散とはしないが、産報運動を指導し、その普及発展により、組合を解散せしめる」との方針を明らかにした。これに呼応して、にわかに産報に対する政府のてこ入れが始まり、あらゆる職場に浸透していった。こうした鳴り物入りの運動に加えて、労組に対する官憲の圧迫が加わり、各地に残存せる労働組合は抗しきれずに将棋倒しに解散し、産報に吸収されざるを得なかった。表向きには、聖戦協力とか国策遂行と体裁を飾っていたが、皆一様に、長い長い組合運動に終止符を打つ無念さに歯ぎしりし、屠殺場に引かるる羊のごとく渋い足取りで、いやいやながら産報に組み込まれていった。

十五年六月ごろまでにすでに解散していたのは、逓信従業員同盟、東京瓦斯《ガス》工組合、東電職員同志会、愛国労働農民同志会などで、まだがんばって残っていた組合は、東京交通労働組合と総同盟だけであった。

このような激しい嵐の中にありながらも、東交は総同盟とともに、あくまで組合旗を守り続ける決意を固め、日夜、警視庁、内務省、軍部と折衝を続けた。しかし、ひしひしと迫り来る時局の波は、同年七月に入ると俄然すさまじさを増し、さすがの東交もこの重圧を跳ね返すことができず、遂に組合と産報の二本立てとした窮余の一策をも放棄せざるを得なくなった。

このページを書きながら、私の目頭からは熱いものが流れ出した。次から次へと思い出されてくる人の中で、東交技術部選出の河野平次こそ組合運動に命をかけた人物と言えよう。ここまでねばり、頑張る戦士が再び東交にあらわれるかどうか。惜しき人物を早く失ったことを残念と瞑目する。

ここに至って東交は、総同盟と緊密に連絡をとりつつ対策を練ったが、遂に組合解散の余儀なき状況を確認し、六月十二日、執行委員会を開き、協議の末、組合解散の条件として、次の四項目を決定した。

一、産報の役員は選挙によることとし、会長指名の方法は形式的にも行わないこと
二、産報内に従業員側の懇談会組織を認めること
三、営業所分会の他に独立して車庫分会を認めること
四、現在の東交幹部の非常務性を認めること

組合代表は右の条件を携えて、当局と最後の交渉を開始した。当局側からは植木局長を始め、高島部長、岡崎部長、木村総務課長、佐山労働課長、平野会計課長、組合側からは村越執行委員長、河野平次、重盛寿治、柳田豊茂、武田芳太郎、熊本利男の各執行委員が出席し、了解事項を取り付けた上で、昭和十五年七月七日、日華事変三周年記念日を期して、血涙を呑んで組合を解散した。大正八年九月の日本交通労働組合結成以来二十一カ年に及ぶ市電従業員闘争史はここに幕を閉じたのである。

ちょうどそのころ、総同盟も同年七月四日から全国中央委員を本部に招集し、連日に亘り時局対策について協議、懇談を重ねていた。そこへ東交解散の一報がもたらされたので、遂に総同盟も友愛会結成以来二十八年の歴史を閉じ、翌八日解散した。全てを焼き尽くさねばやまない戦争という暴力の前に、一切の政党も労働組合も雲散霧消し、日本の社会運動は全くの暗黒時代に突

入したのである。

その後日華事変は拡大の一途をたどり、遂に昭和十六年十二月八日、日本海軍機による真珠湾奇襲を口火に太平洋戦争に突入して行く。翌九日早朝、全国にわたり反戦分子の大検挙が行われ、東交関係からも前東交委員長で産報理事となっていた村越喜市、前東交常任書記で当時健保職員に転職中の諸角愛国氏らが検挙された。以来、超非常時局下の掛け声のもとに、国民の一挙手一投足はことごとく軍部、政府の命令下に置かれ、民主的自由は最後の一片まではぎとられ、一言半句の不平すら禁じられるに至った。

こうした情勢下にありながらも、旧東交の伝統を継ぐ市電産報の役員達、すなわち重盛寿治、河野平次、飯塚愛之助、田村徳次、岡本丑太郎らの旧幹部は、産報理事の立場で、また参事として、各職場を統率中の旧東交支部幹部と緊密な連絡をとりながら、全従業員の身分、待遇、日常の諸問題を取り上げ、絶えず当局と交渉し、可能な限り労働組合的役割を果たしてきたのであった。とりわけ、昭和十九年十月一日から実施された厚生年金法への強制加入に伴って浮上した、交通局共済組合雇傭員退職死亡給与金制度の廃止問題、さらに交通局雇傭員退職死亡給与金制度への切り換え問題等については、特に執拗なる交渉を繰り返し、極めて有利な条件を獲得したのである。

# 第二十三章　産報一元化下の大久保支部
## ——所長と大立ち回り

東交は解散したとはいえ、組合の基礎的な精神まで失ったわけではなかった。私は、五十余条の規約草案をまとめ、大久保厚生会を創立せんと決意した。官憲に対するカムフラージュのため、規約の内容には産報への協力を滲ませ、旧電車十四支部に配送した。この草案を基に、大久保産報分会選出側委員と協議に入ろうとすると、警視庁労働課員青木某がおっ取り刀で駆けつけ、本庁に連行され、労働課長といういかめしい目つきの男に取り調べられる事態となった。どこから手に入れたかわからないが、自分の配った文書が机上に置かれていた。だれかが密告した可能性が高かったが、私自身の配慮も足りなかった。権力ずくで押しつぶした組合、それによって産報一元化成れりと弾圧の効果を誇示していた官憲が、そうやすやすと見逃すはずはなかった。いかに規約をカムフラージュしても、底辺を流れる組合一辺倒の精神を隠すことはできなかった。組合大会でも君が代斉唱を強要され、さらには皇居遥拝、聖寿万才など、今日の常識では理解し難い時代である。しかも時局は戦事体制にあり、戦争という大溶鉱炉に一切がぶち込まれ、灼熱した鉄の流れの中では自由を求めても、もがくだけに過ぎない有様だ。組合が一歩後退して陣形を立て直そうとすれば、官憲は二歩後退を迫ってくる。退却すればさらに追い撃ちをかけてくる。くやしがっていくら力んでみても、しょせんは昆虫のはばたき、ごまめの歯ぎしりにもならなかった。さんざん文句を言われ、拇印を押させられ、その上、監視のお荷物を背中に負って釈放された。淀橋署は本庁に先を越され、叱責を受けたと見え、その後はいやみたっぷりな監視を続けるに至った。

こうした騒動の最中《さなか》、大久保営業所長が更迭された。新所長の見学氏は、そもそも所長のイスが気に食わなかったのか、着任早々御機嫌斜めで、人柄も陰鬱であった。

当時電車営業は始発四時半、終電は翌日の午前零時五十分、または一時であった。冬の夜の寒いころは暖炉が赤々と燃えていたものだが、戦争勃発直前から物資は軍部第一主義となり、一般の配給は日を追って少なくなっていった。暖炉の炭火も遂にはホタルの尻ほどにもなって、保温防寒の役には立たなくなった。終車を受け持つ乗務員の苦痛は察するに余りあった。ことに運転手は車内を動き回るわけではないので、足の爪先が痛くなるほどつらかったであろう。

ある日、当局から、木炭の配給はこれが最後だからと、割当配給の通知があった。それっとばかり回送電車を仕立て、公休日の従業員まで動員し、広尾電車車庫に引き取りに行った。皆懸命に働いて、割当量よりよけいに積み込んだ。引き渡し立ち合いの経理部の係はいわく、「大久保は割当をオーバーしているようだが、一生懸命に働いた姿に敬服した。多くてもよい、持って行け」と許された。もっとも俵が破れていたので、俵数は判然としなかった。とにかくスコップで車内にすくい込んだ数が物を言い、大量確保に意気揚々と引き揚げてきた。

帰り着く頃には早くも太陽は沈んで、夕方のラッシュ時。折悪しく雨も降り始めた。入庫線が一本しかないので、早く積み荷を降ろさないと入庫してくる電車のじゃまになり、営業線にも影響が及んでしまう。手を痛めている渡辺助役までスコップを使う忙しさであった。渡辺さんは人柄のよい助役さんであった。

産報分会の財政は労使折半で、管理権は所長にあった。動員による日当は一日二十五銭であったが、渡辺助役が相談に来て、「田村さん、今日は皆さんがよく働いてくれたお陰でしばらく火がたけます。炉端会議も火があってこそだ。寒い冷たい季節がら、運ばれた炭が神様のような気がして、いつもは二十五銭だが、今日は五十銭ずつ差し上げようではありませんか」と、持ちかけてきた。運用の妙を語ってくれた渡辺助役には頭が下がった。「どうせ皆さんがあたるのですから、助役さん、そうしてやってください」と、こちらからもお願いした。

しばらくすると渡辺助役が、「田村さん、先刻の支払い金中の十円は私に出させてください」と言ってきた。どういうことなのかと聞くと、所長が帰ってきて、五十銭ずつ支払ったことは了承できないとの話であった。所長

昭和14年の「米穀配給統制法」、16年の「生活必需物資統制令」等によって殆どの生活必需品が配給制となった。廃車となっていた旧式の電車がひっぱり出されて、配給品の運搬にあたった。
（東京都交通局刊行『都電60年の生涯』より）

にすれば、動員数四十名だから、二十五銭なら十円で済むものを、その倍額払うとは不当だと考えたのも無理はない。しかも自分の不在中のことだから、きっと田村のやつのさしがねに違いないと解釈したらしい。「不在だったと聞くが、その間、所長はどこに行っていたのだ」と聞くと、「青山のテニスコートで催された会に出席していたらしい」との返事。私の憤りは頭を通り越してとさかにまで登り詰めた。平素所長は、産報の会議でも、従業員の件に関しての交渉においても、暗闇から牛を引っぱり出さねばならないような、明暗の境が定めにくい野郎だ。非常時だ非常時だと馬鹿の一つ覚えのように、時流に乗った言葉を繰り返す所長には常々腹が立ってしようがなかったところだ。「助役さん、十円はおろか一円でもあなたが支払うべき理由はない。よし、おれが所長に談判に行く」と二階に向かった。驚いて助役は私の手を掴み、「今、田村さんが行けばけんかになるから、私に任せてくれ」と哀願する。よい人、よい管理者もいたものだ。市電から都電になり、その後十年の間には、こうした人間性豊かな人々も多かったことが偲ばれる。長い東交の伝統を知っていたのが助役である。時代がどう変わろうと、職場の円満を考える助役の心と行動は、美しい人間社会のドラマとも言えよう。

私は助役の手を振り切って二階へと駆け上がった。ドアを開ける手も荒々しく、室内に踏み込むと、書記と補助手が所長に同席していた。この補助手は元警察官であったというが、実に好人物であった。所長は私の姿を見ると顔面蒼白となって椅子から体を起こし、白目勝ちの形相で私の目をにらんでいる。私も所長をにらみ返した。つかつかっと所長の前に進むと、「所長さん、あなたは今日どこへ行っていたのですか」と第一声を放った。所長は、どこへ行こうと君に話す必要はないと、突っぱねてきた。「それなら聞くが、所長不在のときはすべて助役さんが代行するはずだが」と道理を説こうとすると、「君はぼくの金庫から金を勝手に持ち出したんだ」と人の話を聞かずに遮《さえぎ》ってきたから、また頭に来た。逆流した血液が行き場を失い、「何だと、金庫から金を持ち出しただと、もう一度言ってみろ、このばかやろう。貴様の留守に助役が扱って何が悪い。貴様は今日の木炭配給は知っていたはずだ。公休日を返上して手伝っている人もいるんだぞ。助役さんでさえ手に包帯をしながらスコップを持って働いているのが分からないのか、この大ばかやろう。それとも貴様はこの炭火にあたらないとでも言うのか」と怒鳴った。所長は目をつり上げ、席を立って、ばかやろうとは何だときた。「何を、貴様は利口だと思ってでもいるのか、ばかをばかと呼ぶのはあたりまえだ」と、よせばいいのに騎虎の勢い。貴様のようなやつはこうしてやると、かたわらにあった芯に鉛の詰まった線引棒を振り上げたから、所長は逃げ場を失って机の下にしゃがみこんだ。萩原書記と保坂補助手があわてて私の手にすがりつき、制止しようとした。所長は後退りしながら逃げ道探しの構え。二階のこの騒ぎに、元副支部長の鴨志田、会計の片倉などの面々を先頭に、従業員多数が駆け上がってきた。人間にはへんな心理が働いて、止められるとよけいに威勢がよくなる。上げたものは上げ放しというわけにもいかず、勢いよく振り降ろした。もしあのとき所長が逃げずに、棒にあたっていたら、私に対する責めは懲戒解雇を免れない。そうなれば私の運命も変わらざるを得ないところであった。幸いにして所長が一歩下がって傍らにしゃがみこんだから、棒は空を切って机をたたいただけで終わった。

私を取り鎮めに来た連中も皆日頃から気が短いのだが、こちらがいきり立つと連中は冷静になる。この事件で一番気の毒だったのは補助手であった。あまり体格がよくないから、私に突き飛ばされてドアに頭をぶつけ、大きなこぶをつくってしまった。このとき私は四十歳の分別盛りであった。いい年をして何たることだと、寸劇のあと心が痛んだが、強弁すれば、東交労組解消以来のうっぷんの爆発であったのだろう。

従業員諸君のうち、元六組組長半田重平氏を始め組長級は、支部長はなかなか威勢がいいやと、むしろ歓迎の様子であった。東交は解散しても私はまだ支部長と呼ばれていた。

この事件はこのままでは済まないと承知していた。私は直ちに産報役員の辞表をふところに、当時の電車課長大須賀平吉氏を訪ね、事情を説明するとともに辞表を提出した。この人は後に局長になり、副知事候補として安井都政の大物となった。線路監督や操車係等現場を実践してきた交通問題の権威でもあり、性格も腹が太く、大衆にも親しまれていた。課長は、「君の話はわかった。見学所長を呼んで事情を聞く。その間辞表は持っていろ。事態が判明し、辞表が必要となれば、上司として私から辞表の提出を君に求めるであろう」と語って、多田係長に見学所長の出頭を命じた。私はその足で篠沢久労働課長を訪れた。この人は後に仙台市の助役になったと聞く。なかなかの曲者であったことも後日になってわかった。篠沢課長からも、「よく取り調べた上、追って沙汰する」と言われ、席を立った。

しかし、所長も自らを悟り、表沙汰にしたくなかったのか、この事件はうやむやなうちに雲散霧消してしまった。そして所長は市の一般職へと舞い戻って行った。

# 第二十四章　人情家、田保所長の着任
## ——そして四女の誕生と三女の死

昭和十六年三月二日、近所の人から職場に電話がかかってきた。妻がお産だからすぐ帰れとのことであった。早退して自転車を走らせた。家には、群馬から姉の娘《こ》が来ている。女子車掌に採用されたので、手伝いかたがた預かっていたのである。話によれば、妻は産気づくと、産婆と私に電話をかけるようにこの姪に命じたという。ところが姪は田舎娘ゆえ電話交換手に話を伝えただけで、そのまま電話を切ってしまったという。さぞかし交換手もびっくりしたことだろう。これでは産婆も亭主も来るはずはない。赤ん坊はすでに出かかっている。妻はやむなく廊下に這いだし、崖下の林さんを呼び、産婆と私に電話するように頼んだという。お産は正常ではなく、俗に言う逆子で、足から先に生まれ出した。家に飛び込んでみたら産婆は一足先に着いていた。妻はうなって難産の真っただ中である。作った罪の贖いに、お産には私が手伝うことが習慣化されていたが、妻の手を握って力を添えるだけの助産夫だ。ようやく生まれてきた子はまた女であった。第四女で、和枝と命名した。

妻は健康でおまけに律儀者ときている。続々と生まれてくるのも道理である。しかし、母乳の方はそれに伴わず、牛乳と哺乳ビンは欠かせない。これでは非常時でなくともわが家の経済がた

昭和16年6月、中野区相生町13番地の自宅庭にて。
戦局が逼迫する最中、今後家族が生き存えるかどうか分からぬため、こうした家族の記念撮影が盛んに行われた。

まらない。それでも子供は遠慮なく生まれてくる。配給では間に合わず、開戦前から闇市のお世話にならざるを得なかった。開戦になってからは、正式ルートの配給物はとぎれとぎれで、明日の哺乳にも苦しんだ。生まれたての逆子は少ないながら母乳を吸わせて間に合わせたが、七カ月児の芳枝の栄養物には事欠いた。たまたま米の代用食として大豆が配給され、やわらかく煮ればよいと思ったのがいけなかった。食べさせた夜から腸を痛め、下痢続き。医師の診断を受けたが、もともと未熟児ゆえ、胃腸の発達も充分ではなかった。医師も親切に見舞ってくれたが、日増しに衰弱の一途をたどり、遂に昭和十六年五月三十日、医師立会の介抱もむなしく息を引き取った。死の数分前、医師は脈をとりながら、かわいそうに、三歳にならずに世を去るのかと、努力の甲斐のなかった無念さもあって、嘆息していた。戒名芳貞童女、俗名田村芳枝行年二歳は、わが祖先とともに自性寺墓地に眠り続けている。家では入り切れない小仏壇に、独立の位牌となって座っている。

いつまでたっても忘れられないのは親子の情愛である。浄瑠璃の文句に、「死ぬる子はみめよし」とあるが、私の子にしては美しい子であった。この子も戦争の犠牲者だ。戦争さえなかったら幼児の栄養物に不自由はなかったのにと、戦争が憎くてたまらなかった。親にも兄妹にも妻にも死別した悲しきわが身に、さらに子供の死にも立ち合わせるのかと、やるせない身を嘆いた。耐え難い、わが子との死別の悲しみだけはだれにも味わわせたくない。

亡骸を収棺したが、たまりかねて写真をとった。収棺の写真はいつまでも妻や子供達を回顧の涙に沈ませるので、私は城である応接間の写真箱に密蔵して、毎年五月三十日の忌日に対面して、益にもならない死んだ子の年を数えている。妻には言い渡してある。私が世を去るときは、この芳枝の写真は連れていく、必ず忘れずに棺中の私に抱かせてくれと。子供は何人いても死んでよい子はいないが、早世した子はいとしさひとしおである。

田保広さんという石川県輪島市出身の新所長を迎えた。輪島といえば亡き母の生国。生前は母から輪島の話をよく聞かされたものだ。前所長にこりごりしていたから、今度は是非よい人であってほしいと、母と生国が同じという親近感も手伝って、期待が大きかった。この所長と一緒に転勤してきた宮原春雨さんという人は、口も八丁手も八丁、書道の達人にして話上手であった。余りの話上手が昂じて、当時飛行機弁といわれたそら事も多かったようだ。

田保所長は、背が高く、近眼用の眼鏡をかけ、常に笑みを浮かべている最高の人柄だった。庶民的で、なりふり構わぬ風采。服装には無頓着で、靴のかかとが擦り減ろうが泥が付こうが一向に気にならないらしい。眼が悪いせいか、雨の後のぬかるみも水溜まりも平気の平左で、まっすぐに突っ切って行く。私も、よくズボンの尻あたりまで泥が跳ね上がっていたのを目にしていた程である。奥さんが気をつかっていたらしいが、春雨さんの話によると、こんなことがあったという。ある日、座敷にズボンが脱ぎ捨ててあった。奥さんはトイレにでも行ったのかと覗いて見たが姿がない。確か玄関から出て行った音がしたからと、大急ぎで外へ出てみると、白のステテコに黒い上着を着た男がはるか前方を真直ぐに歩いていく。奥さんはズボンを持って大慌てで追いかけたという。当時の役人としては型破りだが、多数の従業員をかかえる職場統率者として、現

## 第二十四章　人情家、田保所長の着任
## ——そして四女の誕生と三女の死

場うってつけの人物であった。

私も従業員の代表として、こんな素晴らしい人物が就任してくれたことに心底ほっとした。労組の幹部でも、人間である限り感情もある。所長権限の限界を知っているとはいえ、それを逆手《さかて》に、好き好んで四六時中不必要な闘争を組んでいるわけではない。

新所長は従業員と語り合うことが好きだった。職員達の昇任昇格試験に際しては自ら教鞭を取って必要なことを教え、説明していた。こういう所長なら一生仕えたいと思った。ときには亡き母の導きのようにも思われた。人は接することによって愛情を増すというが、まさに名言だ。

所長は詩吟会も開き、週二回の練習会を持った。職場を明るくと心がける気配りには敬服以外なかった。準戦時態勢から戦争へと突入する過程においては、どこの職場も陰気で暗い雰囲気に満たされがちである。このようなときに、種々の行事を行って意思の疎通をはかろうとは、よき管理者であり、能吏である。この褒め言葉は、日頃従業員の利益を守らんとする組合幹部の私においてをやである。もちろん私ばかりではない。今度の所長さんはよい人で、田村さんも楽でしょうとの声が従業員の諸君からも上がっていた。たまたま本局へ行くために便乗しても、担当乗務員をねぎらう言葉は付け焼き刃では出ない。心からほとばしる、温かい人間性の豊かさを持っている人であった。交通事業につきものの事故その他、従業員の処罰に関しても、所長自ら弁護して、本局との交渉に努めたりで、従業員思いこの上のない人であった。このような管理者には闘争心が湧かないし、湧いたにせよ、鈍化する危険を感じたこともしばしばであった。

詩吟会に呼んだ先生は、斯界《しかい》に有名な神風流の開祖岩淵神風先生の門下にある岡田良風という

大久保電車で行われた詩吟会。中段左から二番目に岡田良風先生。その下に座す私の号は田村涼風であった。

号の女性であった。この先生が天下の美形で、その上、琴、三味線、琵琶、生け花、何でもござれの才女でもあった。

この先生を迎えて所長を始め所員は大にここ、一週に二度では少な過ぎる、毎日でもいいというほど人気があった。こういう富裕階級の人々にさえ、物資欠乏の波は遠慮しなかった。もともと裕福な生活に慣れ親しんできただけに、欠乏のつらさ、切なさは私達よりひとしお深かったらしい。部下はもちろん、所長自らも物資あさりに奔走し、近県にまで足を延ばして食料を調達し、月に一度は詩吟会終了後に会食をした。この会食が彼女にとって一番の楽しみであったらしい。

ところで、渡辺助役は前所長更迭後も助役のイスに残って、新所長を補佐していた。東交精神を熟知していただけに、産報分会と名称は変わっても、職場内をうまくまとめ、争いごともない、楽しい毎日であった。

# 第二十五章　太平洋戦争突入
## ――戦時体制下村越君も検挙

職場は無風であったが、世の中は国際的にも国内的にも重大局面に突入していて、やがて来るべきものが来た。昭和十六年十二月八日、日本海軍機の真珠湾だまし討ちで、ついに戦火の火蓋が切られた。

太平洋戦争突入と同時に、反戦分子の検挙が始まった。かねてから産報にも平和主義者や反戦論者が潜在しているとみられていたため、開戦と同時に官憲の手が産報内部に及んで来るのも必然であった。われらの同僚、産報理事、元東交委員長村越喜市君が真っ先に検挙された。たしか十二月十六日頃だったか理事会にも出席せず、気になっていたところ、数日後、目白警察署の特高係に連行されたことが判明した。彼も私と同じ多産型で、奥さんの名前も貞子と、わが妻サダと呼び名がほぼ一致するなど、とかく共通点が多かった。この時代に、数人の子供を奥さん一人で養っていくことは不可能であった。治安維持法違反の容疑者ゆえ、警察を恐れて、市電気局が休職の場合と同じ無給扱いにすることは目に見えている。私も子だくさんだから身につまされ、さぞや奥さんがこまっているであろうと同情を禁じ得なかった。

村越一家の生活を心配し、選出側理事の重盛、河野、飯塚氏らに相談して、とりあえず幾ばくかの醵金《きょきん》をして救うことを内々で決めた。当時の特殊勤務員の人々はだれもが醵金に応じてくれた。まず私は、田保所長に残された家族の窮状を訴えると、この人情所長は、家族の行く末を訴える私の言葉に自分のことのように首をうなだれ、目の中に光るものをにじませながら、ぼくが直接やるわけにはいかないから君ができるだけ努力してやってくれと、ポケットから大枚の紙幣を出してくれた。続いて助役や春雨さん達もこころよく拠出してくれた。こうして詩吟会の名目で七百円を集めることに成功した。この義援金を懐に、私は直ちに新宿戸塚の村越宅を訪ねて奥さんを励ました。幸いにもこの一件での当局の干渉はなかった。というのも、労働課の宮下という服務係が大久保分会の監視役であったが、田村のやることだからおれは知らぬふりでいると、含みのある言葉でとどめておいてくれたからだ。

目白警察には度々面会を求めて訪ねて行ったが、一度も会わせてもらえなかった。七百円の金でいつまでも生活を支えることはできない。私は、共済組合の蒲という庶務課長に嘆願して、村越君の奥さんを共済組合に採用方を申し入れた。少し当惑気味であったので、「主人は治安維持法違反容疑をかけられ留置されているが、奥さんや子供には何ら罪も疑いもない。このままでは家族が生き延びることはできなくなる、是非頼む」と頭を下げた。「田村さん、事務員に採用するためには高等女学校を修了または卒業していなければならないのですが」と、庶務課長はこまった様子であった。私は高等小学校卒業ということは知っていたので、高等が付けば何でもよかろうと、「高等何がしかだったはずだ」と答えた。この課長も人情家で、事情を知りつつ、履歴書提出を求めてきた。当初条件が整わず、何回かの折衝の後、共済組合日用品販売係として入局させ、大久保電車営業所勤務にしてもらった。田保所長に助力を要請すると、所長はこころよく了承され、職場のだれかれにも「元東交委員長村越君の奥さんだ、よろしく頼む」と紹介してくれたから、安心して仕事につけた。

他人《ひと》のことを心配して走り回っているうちに、またまた妻は妊娠し、昭和十七年九月十四日、第五女が生まれた。皆さんはおめでとうと祝ってくれるが、喜ぶより食わせることが先決だ。子宝に恵まれない人からは、つくる秘法を教えてくれと、ノートや鉛筆を持って追いかけられる始末であった。ああ私は恵まれているのだと、この子の名前を恵子と名付けた。

職場に行けば、田村君、またできたんだそうだねと、含み笑いで生産力の旺盛さに感嘆の声が上がる。何ぼ何でも毎年一人ずつは多すぎる。これで双子でもできたらどうしよう。今後の生活設計ができなくなる。子供ができ過ぎるから離縁するなんていう話は歴史上にもない。思案は続いた。

この間、当局の事業は陸上交通事業調整法の実施に伴い、郊外電鉄等を統合し、次第に拡張されて行った。同法は昭和十三年三月二日、衆議院に上程され、同年四月二日、法律第七十一号として公布され、八月一日より施行されたものである。しかしその後、各界の代表による調整委員会が設置され、その答申により、まず、東京駅を中心として一時間圏（三十キロ～四十キロの範囲内）の私鉄、私バスの統合が計画された。その後幾多の曲折を経て、十七年一月二十三日、東京地下鉄が持つ城東電車、青バス他七社及び軌道部面において著名な王子電軌と西武鉄道が事業

事業接収された城東電車と青バス。（東京都交通局刊行『都電60年の生涯』より）

接収され、統合された。

各社の従業員は直ちに市電気局に引き継がれた。ただし西武鉄道だけは管理受託の方式であった。統合前の各社の産報役員と旧東交幹部は再三協議し、引き継ぎ条件、待遇等につき、各従業員の利益擁護のため、最大限の努力に努めた。

なお、同年四月には、国家総動員法に基づく配電統制令により発足した関東配電株式会社に三百九十五万円余が出資され、電気支部約五百名が転出した。電気支部約五百名とは長年起居をともにしていただけに名残を惜しみつつ、袂《たもと》を分かたざるを得なかった。

こうした局内事情の変化の一方、太平洋戦争は、軍部を始めとする独裁者達の思惑とは全く逆の方向へと進展していった。山下大将のシンガポール占領の他は、ミッドウェー沖海戦での敗北、ガダルカナル島からの日本軍撤退の開始など敗色が濃くなり、昭和十七年四月十八日には米艦載機による東京初空襲に至った。こうして都民疎開が緊急を要する事態となっていった。

東京都には疎開事務所が設置され、真っ先に学童疎開が実施された。学校当局者はもちろんのこと、父兄の経済的、精神的な苦痛は察するに余りあるものであった。

その上、人々には防災上の疎開事業が待っていた。先祖代々住み慣れた家を、あるいは玉の汗で築きあげたわが家を自らの手でぶち壊さなければならない。泣き叫びたい人も大勢いたことであろう。その場所でなければ商売のできない人もいる。できないということは生活を奪われることにつながるが、連合軍から爆撃される前に、取り壊さなければならなかった。

疎開事業が緊急を要したため、温情家の田保広氏が疎開事業所長を兼務することになった。田保氏は時局を説き、情理を尽くして人々を説得し、兼務を務め抜いた。しかも壊された古材を、新宿駅を始め暖房を必要とする公の職場に配布するよう指示を出してくれた。この指示が交通輸送事業間の親善の一助にもなった。

田保所長は兼務のため職場を空けることも多くなった。そんな忙しいスケデュールを縫って、一晩食事をともにしたことがあった。疎開事業や打ち壊された家の人々の悲しみなどを話すうちに、今だから話すがと前置きされ、ことは私に及んだ。田保所長いわく、「大久保所長発令の際、当局管理者会議の席上で篠沢労働課長から、大久保電車には田村徳次という悪いやつがいるから気をつけろと、特段の注意を受けた。所長になりたてのころは半信半疑のまま任務を遂行していたが、毎日接しているうちに、別段悪い点もないし、本局上層部は現場を知らないだけなのかもしれないと思い直した。本局と現場には明らかな断絶があり、そんな亀裂に偏見や猜疑が生まれる」と述べられた。

どこでどう悪いやつという風評が固まってしまったのかは分からなかったが、これまでの所長はこうした風評を真に受け、先入観を持って着任してきたに違いない。遡って前所長の見学さんも被害者で、偏見を植え付けられたまま、就任当初から私を特別視していたのだ。彼も、決して悪い人などではなかったのだろう。むしろ、猜疑心にとりこまれ、四六時中気の休まる時がなく、さだめし不必要な気苦労に苛まれた気の毒な人であったに違いない。ただし、上意下達をわが任務とするこういったタイプの管理者には、下意下達を消化する能力が欠けていたとは言えよう。

当時の当局理事者の中では大須賀局長などは、その進歩的考えを反映して労働組合をよく理解し、事業の運営に際して潤滑油的な働きもしていた。一方、篠沢氏は、労働組合の存在自体が命令一下に反すると認識していたようで、そのため組合幹部などは無用の長物と思っていたに違いない。しかし、その存在が現実であるため、しぶしぶ認めざるを得なかったに過ぎず、産報下においては反組合の姿勢が露骨になりだしたことは否めない。

無用の長物といえば、封建的管理者からすると、共済組合部会員、健康保険組合会議員、特殊勤務員等々、常に従業員の世話役を務めてきた人々もじゃまな、無駄な存在に見えたに違いない。彼等はこうした役割の人々を廊下トンビと呼んでいたと聞く。しかし、この廊下トンビがいたからこそ、一万五千余の大集団の職場が人間性をもって運営されてきたのだと、長い廊下トンビの経験を持つOBが過ぎし日を振り返り、力んでいた。田保所長、渡辺助役、宮原氏などは能吏で、こうした役割の人々を上手に使って運営した人達で、当時はもちろん、今日でも当時を知る人は称讃を惜しまない。

能吏宮原春雨さんは、別の道でも能があった。ある日、会食が済んだ後彼は、「所員一同で一日旅行でよいからしたいものだが、交通事業ではそれもかなわぬ」と前置きしつつ、御本人の旅行の話をしてくれた。例の飛行機弁が飛びすぎたのか、「上客と見られて素晴らしい待遇を受け、連れのお嬢さんも大変喜んだ」と口を滑らせてしまった。そのお嬢さんとはだれなのかと切り込むと、春雨君しばし逡巡したが、「いやあ、そのうち分かるよ」と口をにごした。

そのころすでに、助役や補助手の間では、春雨君と詩吟の先生が少しあやしいとうわさされていた。春雨君は女房持ちだから、単なる外野の勘繰りだろうと思っていると、一カ月ばかりすると春雨くんが離婚したという。彼の住居は六本木手前の乃木邸から見下ろすアパートで、一度訪ねたことがあった。しかし離婚と同時にそのアパートから転居したという。はばあこれはいよいよ本物だわいと落胆したのは私ばかりではなかったらしい。春雨の野郎、あの飛行機弁で遂に良風先生をものにしたのだと、助役以下私も含めて全職員ががっかりごっこをやった。

後の話だが、彼女は所長の次にえらいのは春雨君だと思っていたそうである。書記は金銭はもちろん、重要書類を金庫に収納し、そのため金庫は書記の背中のところにある。前から見れば金庫の番人に見える。当然鍵も渡されている。万一所長と助役が不在なら書記が金庫の取り扱いをする。それを見ていた彼女が、助役を飛び越えて、所長の次席に春雨君を昇格させていたのも無理はない。

いったいこの私はどんな風に見られていたのだろうか。買い出し部隊にも出るし、階下の汚い部屋で従業員の世話焼きや始末書の代書代筆などもやっていたから、代書屋ぐらいにしか思われてなかったのであろう。

いよいよ結婚式を迎え、春雨君は岡田春雨と改称、婿さんに入り込んだ。こうなると皆あきらめ顔で冷静さを取り戻した。田保所長も、さては本当だったかと、蛍光灯並みの気付き振りで、落胆組の一人となった。

戦争は次第に苛烈さを極めていき、詩吟の会はそれに反比例するように盛り上がりを欠いていった。

# 第二十六章　長男茂のけがと死
## ――つくづく戦争を呪う

明くれば昭和十八年、独軍はスターリングラードで壊滅し、第二次大戦の帰趨《きすう》は素人でさえ占えるようになった。

五月に入るとアッツ島の日本軍全滅の報。幾多の将兵の生命が失われ、その姓名すら全滅の活字の中に埋め込まれてしまった。われわれが小学生のころ読本で読んだり歴史の授業で教えられた、古くは楠木正成、正行、日露戦争で旅順港口封鎖の際、艦とともに殉じた広瀬中佐、杉野兵曹長の七度この世に生まれてきたという人命軽視としか思えない迷信は、昭和の今日もなお生きていた。爆弾三勇士がそれである。肉体滅びて何があるというのかと、憤りたくもなる。まして敗北した途端の豹変振りにはあきれるほどだ。これらの犠牲者達の銅像が削りとられ、広瀬中佐の像は須田町から消え、どこへ捨てられたか行方もわからない。私も子供を持つ身、戦争にだけはやりたくないと、反戦精神で大本営発表を聞いていた。

そんな毎日が続く昭和十八年八月二十六日、わが家より電話があった。何事ならんと受話器をとれば、坊やが大けがをしたからすぐ帰れとのこと。不吉を胸に、踏むペダルにも力なく、ようようにしてわが家にたどり着いた。

近所の人達が家の周りに群がり、私の姿を眼にすると、隣人の一人が、「坊やが木から落ちたのよう」と叫んだ。戦争の真っただ中であったから、隣組の手で担架がすぐ用意され、中野本町の内臓外科病院に運び込み、入院させた。戦争中でやむを得なかったにせよ、この入院が命を絶つ結果を生んだ。生まれて初めて自分の子供という味をこの長男が与えてくれたのだ。体格のよい子であった。

中野桃園第一国民学校第二学年の受け持ちの先生も駆けつけてくれた。医師の診断によれば、右腕第一、第二関節の複雑骨折だという。しかも第一関節の手首から折れた骨が飛び出している。残念ながらこの内臓外科では手術が無理であることは素人の私でもわかった。が、どうすることもできなかった。

いつも高いところに登るのが好きな子で、数日前も仕事帰りに自宅付近で木の上にいるのを見つけ、仕置きをしたばかりである。そのときは近所の娘さんが止めに入って、「もう堪忍してやって下さい」と助け舟を出された。長男は性格もよく、その上体格も肌も目鼻立ちも立派だと、近所の人達から坊や坊やとほめられ、愛されていた。子供の生まれない安中市の弟からもうらやましがられたほどの美丈夫だ。学校の先生からはたびたび妻が呼び出され、少しあばれん坊だと注意を受けていたことは知っていた。妻が悪いわけではないが、勤務する身であれば、不在中は家庭の責任は任せてある気でいた。「何のために家にいるのだ」と妻を叱ったが、友人の奥さんから、「そんなこと言ったってしょうがないでしょう」と諫《いさ》められ、慰められて、そのとおりだと思い直し、後は何も言わなかった。

長男が登った木は椎の木であった。かつては馬や牛を飼っていた厩舎《きゅうしゃ》の跡に立っていた三メートルほどの高さの木で、その周りで数人の子供達と遊んでいた。そのグループの年長者は六年生で、私と同じ電車新宿営業所に働く車掌の子供であった。その子は少し緩慢な質《たち》だが、近所の餓鬼大将で、長男もその配下にいた。ときには、何か持ってこい、持ってこないと指を切るぞとはさみで脅かされていたと、近所の人達は言う。

その日は雨上がりで、木の幹は滑りやすかった。大将の指図で長男が登った途端、他の子供達に命令して木を揺さぶらせたという。驚いた長男は木の枝につかまったが、不運にも枝が折れ、墜落し、手を着いたときに骨折した。近所の人達からは親に抗議すべきだと示唆されたが、子供同士のこと、しかも職場が同じでそれもならず、ただ運不運の神のしわざと思う以外になかった。

事故の起こる十分ばかり前、「お母さん、お腹がすいたからてんぷらをこしらえてくれ」と帰ってきた。妻は、「こしらえてやるから赤ん坊をおんぶしなさい」と言いつけた。はいと素直に妻の傍らに来たが、これが運命の分かれ目であった。赤ん坊は五女恵子であった。そのときおんぶさせていればこの悲劇は生じなかったが、さっきまでぐずっていた赤ん坊が眠ってしまったのだ。妻は、「寝てしまったから、また後でよい」と言ったら、そのまま遊びにいって、むごたらしい事故に遭ってしまったのだ。

その夜から私が看護に当たった。子供は、「お父さん、ぼくが悪かった」としきりにあやまっていた。学校の先生にも謝罪していた。翌日になると小便が近くなり、たった今済ませてもすぐおしっこと言う。口ももどかしくなり、医師を呼んでも判然としない。その夜、「お父さん、ローソクをつけてくれ」と言う。ローソクをつけてどうすると聞けば、「西の方へ行く」と答えた。いやな予感が背筋を走った。今書くに当たっても、その声が、その情景が目にも耳にも残って去ろうとしない。本当はこの部分は書きたくないのだが、書いておかねば他の子供達には伝わらない。私の歩んだ道に横たわった悪運、悪魔が苦しめた悲惨を、心とまぶたに再現しながら書いておく。『西の方へ行く』の言葉はまさに死の暗示であった。これを言わせたのは神か仏か、さては悪魔か、唯心唯物の裁きはできなかった。三日目には重大な病状に変化した。体全体が弓なりに反り始め、言葉も歯を食いしばりながらしぼり出すようになり、折れた右腕の皮膚が糜爛《びらん》し始めた。医師が来てメスを刺したが、痛みを訴える反応はなかった。医師も驚いて添書を書き、当時の帝大病院（現東大病院）へと転院した。妻に長男の病状を話すと、さすが元は看護婦だ。「それは破傷風ですよ。血清があれば助かるんだが、この戦時下では手に入らないでしょう。お父さん、悪いけどあきらめてください」と、私の助けたいという心に引導を渡した。死に慣れっこになっているだけに余りにも諦めが早く、薄情に成り切ることのできる医者や看護婦が、そのときから嫌いになった。

帝大医学部は親切に対応してくれて嬉しかった。診断の結果、右腕の第二関節上部に赤い線が引かれた。私は、ここから切断するなと直感した。どうなっても生かしておきたいのは親の切ない願いである。長男はレントゲン撮影のために運び出されて行った。病室の廊下には「重病人故《ゆえ》通行を静かに」の紙が貼られていた。医師は再び私を呼ぶと、唾を飲み下してから、「お父さん、しっかりしてくださいよ」と前置きし、「この坊やは破傷風とガスエソです。右手は肩から落とす以外にない」と宣告された。帝大では現在必要な薬品が不足しているが、できる限りを尽くすと力づけてくれた。

手術が終わって帰ってきた。目隠しをされながらも口をきこうと努力している痛々しい姿は直視するに忍びず、目を覆った。伜《せがれ》は左手を出して虚空に字を書いている。そして聞き取りにくい言葉で、左手でも字が書けるかと問うてくる。何たる因果な子であろう。右腕は切り落とされて、肩から胸に氷が積み上げられ冷やされている。生き地獄とはまさにこのことだ。手術に立ち合った看護婦さんは、「お父さんは強いですね。よく卒倒もなさらずに」と言った。聞けばつい先日、二階から落ちて首の骨を折った奥さんが隣室に運び込まれ、手術に立ち合った付き添いの御主人は気絶してしまったという。「あなたはがんばってください」と、同情と哀願が半ばする表情で励ましてくれた。ガーゼが山ほど積まれ、切開された傷口にあてがわれて行く。目を背けたくなる大手術であった。あとは書かず、語らず、思い出さずにいたい。

先に死んだ三女芳枝とこの長男茂の二人を、今死ねるなら抱いて行きたい。三十二年前のできごととはいえ、苦難の時代に起きたわが生涯で最も悲しい思い出である。これを読む子供達のうち親となっている者もすでに四人、私のような目にはあわせたくないと心から祈っている。息子も一種の戦争の犠牲者で、戦時下でなかったら内臓外科に行く前に大病院に行くこともできたであろうし、血清注射を始め必要な薬品も十分に使ってもらうこともできたであろうと、つらつら今でも戦争を恨んでいる。助けたい助けたい！　この祈り、この努力も空しく、昭和十八年九月一日午後零時十五分、現在の文京区にあたる旧本郷区本富士町一番地において死亡と戸籍謄本に記載された。

あの世への死出の晴れ着も物資欠乏のとき、私の単《ひとえ》の夏衣を妻が直して着せてやった。片手だけ通した永遠の旅路につく姿は、表現に苦しむ。こんな結果になるなら切断手術などするのではなかったと、悔やまれてならなかった。何のために生まれてきたのか、不憫な思いがつのり、当面した者だけが知る断腸の悲哀が死ぬまで私に付きまとう。智賢茂善童子の位牌は、三女芳枝と並んで、わが先祖へ進ぜる朝茶から立ちのぼる湯気を吸っている。父よ母よ、あなたの孫達二人とあの世とやらであそんでやってください。

人情所長田保さんは、所員を動員して葬儀を取り仕切ってくれた。心の奥に保管され、命ある限り、折に触れ時に触れ語りかけるであろう倅《せがれ》の葬送の坊さんは緋の衣であった。国民徴用令による徴兵を逃れんと、コネを頼りに、様々な人々が官庁に職を求めていた。交通局もこの例に漏れず、秀和という寺の住職の息子が共済組合日用品販売係員になっていた。どこから借りてきたのか定かではないが、この秀和君、緋の衣をまとって、坊主になって読経《どきょう》をつとめ、火葬場まで行ってくれた。近所の人達は、田村さんの坊やもかわいそうだったが、緋の衣を着た坊さんにお経をあげてもらい、安らかに眠れるでしょうとうわさしあっていた。

坊さんに対するお経料もなく、全て動員で済んだ。事故発生から葬儀まで十日間、気も張っていたが、葬儀終了と同時に身も心もがっくりして、寂寞寂寥の日が続き、落ち葉には早いが、心は晩秋のようであった。

明治憲法では、家督は、男系の男子これを相続するとなっていた。相続人を失った私は、男としての希望も張り合いも喪失していた。子供はどの子であれ差別なくかわいいが、男は男の子がほしいものだ。毎年のように生まれてきてはいたが、死んだ長男の後は全部女の子で、亡き長男の生前の姿がまざまざと、走馬灯のように眼前に巡ってきて仕方がなかった。相撲の好きな子で、ラジオの放送が始まると、箪笥の上に載せてあるかまぼこ型の箱の中から聞こえてくる声に、耳をそばだてていた姿が今いるかのように見える。

過ぎし日を振り返ってみて、将来がこわくなってきた。今後わが身に何が起こるのか。十九歳にして父に別れ、二十二歳にして母を失い、第一、第二、第三の妻に死別、そして子供二人を早世させ、その間、妹も第二の妻を追うように逝ってしまった。上京のとき世話になった義兄や姉の一人も葬送している。故郷を捨てて二十一年間に何と八回に及ぶ葬儀を司ったことになる。まるで葬儀のために生まれてきたような境遇からすると、俗に言う前世の罪科は何であったのかとしばし腕を組んだ。

こういうときが人間の一番危険なときで、困ったときの神頼みと誘惑にかられて、悪業の道にも悪徳宗教にも、やくざ渡世にさえ落ちていく。幸いにして労働組合にいて、唯物論的指導を受け、佐野学氏主幹の無産者新聞や、ビラその他の印刷物で日本共産党の国領五一郎、市川正一、三田村四郎、南喜一、袴田里見氏等の大活躍に触発されていたから、危険な誘いはあったが、走らなかった。拝んでよくなるなら、神武以来の神様を始め、現人神にさえ拝みもしよう。

亡き長男を幾ら偲んでも帰って来るわけではないが、一度味わった男の子の味が忘れられず、今度産んでくれるなら男の子をと念願するようになった。世の中には今も昔も子宝に恵まれない人はあまたいる。贅沢は言えないはずなのに、なんとか授からないかと、友人達から男の子のつくり方の講釈をうけたりしていた。

長男亡き後は疲労と精神的落ち込みが激しく、その上、他の子供達にあやまちがないようにと気苦労が重なり、神経過敏になっていた。たまたま呼ばれた友人の姻戚の結婚式では、したたか酔って帰宅した。子供達はすやすやと眠っていたが、目に飛び込んでくるのは長男の位牌である。それは倅が死んで一カ月半たった十月中旬のころであった。

その年の十一月に大東亜会議が開催されたので、大東亜合同宣言の発表でもあるのかと思いきや、あったのは米英中三国のカイロ宣言であった。こうして戦局は加速度的に変化していく。徴兵適用年齢が一カ年繰り上げられたのはそのすぐ後であった。

## 第二十六章　長男茂のけがと死
## ——つくづく戦争を呪う

# 第二十七章　次男誕生――家族の疎開

いやな年は去って昭和十九年、今年こそ今年こそとて暮れにけりでないように願って、正月を迎えた。妻は、また月のものが止まったと半ば怒っていた。こう次々と生まれてきては世間の手前もあり、私を恨んでぼやいていたのであろうが、私の方は楽しみだった。今度は男だと相当自信があった。

この年は春から学生の軍事教育強化が実施され、朝鮮の人達にも徴兵制度が適用された。前年の昭和十八年七月一日から東京府、東京市は統合され東京都となって、大達茂雄氏が都長官（現在の都知事）に就任し、交通局長には藤岡長敏氏が警察畑から天下っていたが、年が明けると、この指揮下に交通局女子挺身隊が結成されるなど、戦時体制は日一日と厳しさを加えていった。そして六月十五日、米軍はサイパン島に上陸し、一カ月に亘る防戦も空しく日本軍は全滅、一般人を含め玉砕の悲劇に終わった。こうして第一次世界大戦の勝利で連合国から認められていたサイパンの委任統治権は終焉を告げた。

内閣は小磯内閣となり、一億総武装と掛け声は勇ましいが、銃後の生活と生産は下がる一方であった。挙句の果て、台湾の諸君にも徴兵制度が実施される方針で討議が進んでいた。

この非常事態の八月二十三日、天朝様でも虫けらのようなわれわれでもオギャーの声は同じで、狙い通り、男子出産。去年は失ったが、今年はもうけた男の子だ。妻も毎年のごとくでさだめし疲れたことだろう。しかし天の助けかまさに健康そのものだ。

相続人は生まれた。もうたくさんだ、子供の成長に徹すべきだと、子育てに力を傾けた。この次男坊には、宏《ひろ》く大衆を将《ひき》いてもらいたいとの願いから、将宏と命名した。一段と勇気がわいてきたが、配給物資がとぎれとぎれで、あったとしても、幼児の胃腸では消化不良に陥る代物がほとんどだった。仕方がないので闇物資あさりに奔走した。経済警察に追われながらも食うため育てるために、経済違反が日課となった。

戦局はさらにけわしくなってきた。米軍の誇るＢ29が、占領したサイパン島を根拠地にして、東京を始め、重要都市、重要施設に無差別爆撃を仕掛けてきた。敵機は一機も侵入を許さずと豪語していたのは軍部と大本営ではなかったか。空襲警報が鳴るとすぐに、三歳になる四女和枝に弁当を背負わせ、母子で、隣家との間に掘った隣組の防空壕へ逃げ込む毎日が続いた。とても頼りになるような壕ではなかった。

職場では警報とともに重要書類を補助手の保坂君に背負わせて、西向天神の防空壕に運び込み、警備するのが私の役目であった。サイレンが鳴ると、家の子供達がうろたえつつ近所の人々とともに防空壕に逃げ込む姿が目に胸に浮かんできて仕方がなかった。身は職場にあれど、心は家に帰っていた。

こんな状況になってまでなお妻子を東京に留まらせておくことは、いたずらに死なせるようなものだ。一刻も早く東京を脱出させることが妻や子供を戦火から守る唯一の方法だと判断し、どこへ疎開させるか検討した。こんなときだ、群馬県松井田の亡き義兄の家へと方針を決め、姉へ依頼の手紙を書いた。承諾の返事は早かった。妻にも戦局を語り、相談したがなかなか首を縦に振らなかった。

初めて東京の空に米軍の戦闘機が現われたのは二年前の十七年四月十八日であった。太平洋上の空母から発進したB25が東京他四都市を爆撃したのだが、そのときは予行演習程度のものであった。しかしそれから二年、技術が進歩し、襲いかかってくる爆撃の威力は想像に余るすさまじいものであった。しかも、サイパンが陥落しているだけに、空母から発進される小型機とは異なり、同島から日本に向けて大型機の発進が可能であった。当局産報の網谷係長は、サイパン島陥落と同時に、B29の飛来遠からずと、予見していた。こうした予見が現実のものとなった以上、疎開は免れないと、妻の説得に努めた。私は職場に挺身しなければならない身。空襲が連日のようになり、サイレンが鳴るたびに家に帰るわけにもいかず、疎開してくれれば要らぬ心配をせずに済むと力説し、ようやく納得させた。

近所に住む消防署員に、荷造りのうまい人がいて、親切にも家族の荷物を要領よく取りまとめてくれた。かねてから懇意の新宿駅貨物係の主任に事情を話し、十月末日、家財道具のほとんどを駅に送り、妻と子供は上野駅より郷里松井田へ向かわせた。その翌朝、新宿駅は焼夷弾攻撃を受け、貨物置き場は焼失した。驚いて駅へ駆けつけると、係いわく、あなたの荷物は発送済みだと。運命とは紙一重《かみひとえ》、運不運はわずかの差で決まる。一日違いで、全財産を戦火にさらしてしまっ

空襲警報発令に逃げ惑う人々。昭和通りにて。
(毎日新聞社刊行『１億人の昭和史』より)

た不幸な人達の心情が悲しく察せられた。

疎開後の心配事は家族の衣食住である。米については、中野の自宅に来ていたこともある織茂家に嫁いだ四番目のあき姉さんが面倒を見てくれることになった。姉は、そのときには身体不自由となり、寝たきりであったが、気丈で、闇商売をやっていた。心配なのは次男坊将宏のことであった。妻は子供はよく産むが、乳がこれに伴わない。牛乳は鶴の首のようにして待っていてもなかなか手に入らない。三女の芳枝が消化不良で早世したなまなましい悲しみも忘れてはいない。郷原の寝ている闇商売の姉が頼りであった。

銃を握り、戦場を駆け、尊い命を捧げた兵士は大いなる犠牲者だが、銃後の国民も爆撃や疾患または栄養失調で、さらには生活苦による一家心中など、数え上げれば枚挙にいとまがないほどの犠牲を払っている。やってはならぬ、やらせてはならぬ、人類の敵は戦争である。わずか一握りの官僚と、弱肉強食の資本を、監視していなければならない。

当時、世間では、「予科練の歌」の節回しで、食糧不足で買い出しに出かける主婦達の姿を風刺した替え歌が流行《はや》り始めていた。

青い顔したお母さん
　七つ八つの子供を連れて
今日も行く行く買い出し部隊
　南京袋に米一升

この歌を聞くたびに疎開した家族のことがひしひしと案ぜられてならなかった。割り当てられた配給米を蓄積したり、公休日には職場の人達の郷里に同行し、買い出しに出陣した。しょせんは闇のもの、高い高い法外の値も、きょうの命をつなぐためには已むを得なかった。遂には給与では間に合わず、物々交換で物資を手に入れようと、持ち物を一皮ずつはいだりむいたりする夕ケノコ生活に陥った。しかしやがて交換する持ち物も底をつき、自らは夕バコをやめ、きざみ夕バコを巻いて交換品を作ったりした。当時はお百姓さんもせちがらく、付き合いも悪くなっていた。

焼夷弾で家が灰燼に帰すことになる昭和二十年が明けた。疎開先の家族はどうしているだろうか。会いたい見たいはやまやまなれど、そのためには乗車券の入手が先決である。これがなかなか容易ではなかった。その上、私が行けばそれだけ少ない食糧が減ることになる。その埋め合わせにと、古いリュックサックに少しでも多くの食糧を詰め込んで行かなければならない。ようやく乗車券を手に入れると、リュックサックに詰める手も忙しく、はちきれるような荷物に仕立て上げて超満員の列車に割り込んで、一路信越線を走った。妙義山が頭から見え始め、だんだんと近づいて来る。心は躍り、待ちどおしい。

松井田駅に着いて見上げる妙義も浅間も子供のころと変わりはない。変わっていたのは戦争で荒れた街並みの風景だ。それよりも悲しい変わり方をしていたのは他人のことより自分のことと、人情など振りまく余裕もない人心の荒《すさ》みようであった。故郷を捨てた頃の、農村を潤わせていた人心はどこへ吹き飛んでしまったのであろう。松井田町の南を流れる碓氷川のせせらぎを聞きながら、これも戦争という破壊魔の業ならんと黙想しつつ、家族の元へと急いだ。

## 第二十七章　次男誕生
## ――家族の疎開

久し振りに会った子供達は皆元気であった。赤ん坊の將宏は栄養失調の疑いがあり、心労がまた一つ増えてしまった。見ぬもの清しで、むしろ会わなかった方がよかったかもしれないと、会った瞬間の嬉しさそこそこに気が重くなった。

妻は子供達と六畳と三畳の、太陽に恵まれない冷え冷えした家にいた。喉《のど》元過ぎれば熱さを忘れるという言葉通り、姉は余り面倒を見てくれなかった。恩にきせる積もりはないが、義兄徳松の葬儀のすべてを賄って恩返しをした、あのときの血のつながる弟の気持ちを忘れ去ったのかと、いささか姉を恨んだ。妻のくどきごとを聞いても、無理もないと胸につまった。

姉は明日《あした》もちをつくから、徳次、ついてくれと言ってきた。私は姉にもみやげ物を持って行ったので、幾つか子供にくれるのかと期待していた。何十年ぶりに持った杵《きね》。腰をふらつかせながらも二臼ついた。ありがとうの一言だけで一片のもちもくれなかった。ため息が出た。妻のくどきは本当なのだと、哀れさがひとしお込み上げてきた。『落ちぶれて袖に涙のかかる時人の心の奥ぞ知らるる』との歌もあるのに、血を分けた姉弟でさえこのとおりだ。衣食足りて礼節を知るとはこのことかと管子の箴言《しんげん》に頭が下がった。戦争という魔物が街も人もさびしくしてしまったのだ。

# 第二十八章

## 大久保電車遂に焼け落つ
## ——引き続く疎開暮らし

戦局はいよいよ断末魔の様相を呈し、米英ソ三巨頭のヤルタ会談が始まった。米軍は二月十九日硫黄島に上陸、防戦一カ月の戦闘も空しく、日本軍は三月に玉砕した。国民勤労動員令が発令されたが、物量無尽を誇るアメリカに対しては及ばざる弥縫《びほう》にしか過ぎなかった。

三月十日の陸軍記念日が、皮肉にも東京大空襲の日となった。奇しくも私の本当の誕生日であった。一夜にして十万人の生命が奪われ、家を失った人は百万人を越えたと毎日新聞は報じていた。Ｂ29による恐るべき殺戮《さつりく》は留まるところを知らなかった。十九年十一月から終戦まで延べ一万七千五百機を侵攻せしめ、投下した爆弾十六万トン、被災者九百二十万人、死者三十五万人、負傷者四十二万人、全焼家屋二百二十一万戸を数えた。前後七回に及ぶ焼夷弾攻撃で全東京市街地の五〇%を焼き尽くされ、開戦当時三十五区六百八十七万人の人口が、何と二百五十三万人に激減した。東京を焦土とすると、米軍は遂に沖縄本島に上陸。敗戦はもはや時間の問題となった。いかに本土決戦などと力んでみても、空飛ぶ翼はすでになく、制空権は奪われ、海軍も陸に上がった河童同然、戦う術《すべ》を喪失していた。

交通局一万五千人も漸減の一途をたどっていったことは言うまでもない。現職を退いてかつぎ屋に転向する人が増え、まともな人はだんだん少なくなった。わが大久保電車営業所も人員がすこぶる激減し、さびしくなった。

この間、闇物資をあちこちの友人に頼み、家族の疎開先へと送っていた折柄、一通の手紙が疎開先の姉から届いた。内容は家明け渡しであった。しかたがなく、安中町に住む弟に依頼して、当時は洗髪粉の代用品となっていた粘土を干している工場の小屋を借り受け、住居とすることにした。寝起きできる程度に整えようと、安中に馳せ参じると、畳の代わりに米の空き俵を敷き、うすべりで覆った。起きるたびにいやというほど天井を支えていた横木に頭をぶつける始末で、まさに乞食小屋であった。飲料水は隣家の農家、萩原さんからのもらい水。見るからに汚濁していて、煮沸しなければ飲めない代物だった。妻は看護婦であっただけに衛生には厳しく、心配無用であった。薪は弟の知り合いの製材会社の板くずを格安で都合してくれることになり、一段落、引っ越しは終了した。

住んではみたものの、住まいと言えるようなものではなかった。縁の下が低く、湿気が上がってきたからか、途方もなくノミが発生し、長女の衿から一晩に七十匹もとったことがある。夜中になると毎晩枕元に親子連れのネズミが遊びに来る始末。これが人の住むところかと嘆息した。便所は裏の桑畑に四本の柱を打ち込んで炭俵で囲み、扉《とびら》代わりに炭俵を御簾《みす》のように垂れ下げ、捲り上げたり下げたりして使えるようにした。

後日談になるが、疎開していることを知った本家の田村嘉平氏が、金十円を持参してきたことがある。私の屋敷跡百五十坪（約五百平米）を管理かたがた耕していた小作料十年分だというわけだ。切り換えられた新円の十円が十年分の小作料とは、最初はあきれ果てて涙も出なかった。何という情けない人間ばかりなのだ。今の十円など微々たる価値でしかない。身を剥いでいくタケノコ生活を強いられているというのに、子供達のためにサツマイモの半俵ぐらいくれてもよさそうなものだと、郷里の人の薄くなった人情に涙がにじんできた。お百姓も闇の金儲けを覚えて、未熟な柿のようにしぶしぶと、計算高い人が多くなっていた。

弟は、サツマイモを掘るときには兄貴も手伝ってくれと、常々言っていた。掘るのは十月末ごろだという。子供達の喜ぶ顔が眼に浮かび、もう貰ったつもりで、そのときになったら東京から帰ってきて手伝うよと声高に答えておいた。しかし、これから植え付けるのだから先付小切手だ。この世知辛い欠乏時代ゆえ不渡りにならないようにと、めったに口にしないお世辞まで述べておいた。東京はあの始末で戦場と化し、職場も家もいつ灰になるか知れたものではない。この命さえ保証の限りではない。不幸にしてそうなったときは頼むよと弟夫婦に頼み込むと、それならしばらく子供を預けてみないかと持ちかけられた。生活の苦しさもあり、これからお世話になるやもしれぬと思ってしばし次女と四女を預けた。五歳と三歳だ。彼等は子供ができず、欲しかったのである。

それからしばらくすると弟は、「どうだ兄貴、もしものことがあれば家族のことは俺が面倒見るから、今のうちに一人くれ」と言い出した。幾人いたってあげてよい子供などいない。「妻にも相談しなくてはならないから即答はできない」と答えて別れた。困ったことを言い出された。イエスかノーか二者択一を迫られ、返事をしなければならなくなった。それは二十年四月中旬ごろの

## 第二十八章　大久保電車遂に焼け落つ
## ——引き続く疎開暮らし

ことであった。四月十三、十五日の大空襲で、安中から見る東京の空は茜色に輝いている。帰らねばならぬが、帰れば命の保証はない。自分が死ねば弟に家族全部が世話にならざるを得ない。運命と諦め、いやがる妻をようやく納得させ、四女和枝をあげることにした。いずれ秋にでもなったら手続きすると言って、弟の会社、群馬自動車の貨物車に乗って帰京した。車を降りたのは新宿明治通りの新田裏であった。

そこから大久保電車営業所に向かって歩いて行くと、変わり果てた職場の姿が目に飛び込んできた。銅板の屋根が焼け落ちている。煙のくすぶる玄関には、焼けてしまった食堂の猫がニャーンと悲しげな声をあげて見上げている。おまえも焼け出されたのかと問いかけると、またニャーンと答える。自分の目から熱い水が流れ落ちた。

コンクリートの建物に銅ぶきの屋根は珍しい。その屋根を覆っていた銅板のうち、まだ落ちずにぶら下がっている数枚が風に揺れていた。架線も切れ切れにぶら下がり、出入庫の信号小屋も灰になって付近の家と運命を共にし、じゅうたん爆撃の猛威を遺憾なく物語っていた。私の帰省中のできごとで、已むを得ないとはいいながら、申し訳なさで胸が詰まった。聞いてみると、萩原恵作書記は焼夷弾で首と背中に火傷を負ったという。私も職場にいたら同様の傷を負ったであろう。郷里で無事をかこった自分と萩原書記を比較して、済まなかったと大声の独り言が出た。

私の住む中野区相生町も灰燼に帰したと知らされ、早速現場に向かった。わが家にたどり着くと、子供達が順繰りに乗っていた乳母車と取っ手がわかれわかれにころがっている。目を上げると、大家の嫁さんが一人ぼっちで焼けこげたトタンの上に座っていた。私の顔を見るなり、今朝配給になったばかりの米十四キロを、「これは田村さんの分です」と、疲労し切った声で差し出した。米は疎開の子供にと思ったが、余りにも嫁さんが哀れに見えて、「奥さん、その米はあなたに差し上げます」と言って、押し戻した。「私の方は、職場で食事できそうですから」と言い添えると、「申し訳ありません。ありがとうございます」と答えて目を潤ませた。

それにしても付近一帯が焼け野原と化していたのにはがっかりした。西廊下の戸袋のあったところには焼夷弾を束ねていた大きな鉄のカバーがめり込んでいた。在宅していたら一コロにされていたところだと、一瞬身震いがした。隣家との境に掘られた防空壕も焼けたくいの下でつぶされていた。

思えばここ中野区相生町十三番地は、私の苦闘の歴史を刻んだところであった。暗剣殺、鬼門と言われながら住んで十三年、因縁深いこの住まいも、アメリカの手によって微塵《みじん》となって砕け散った。妻や子はこの残骸を見たら何と思うだろう。妻は苦難に苛まれたところだけに、惜念の情は涌かないであろうが、子供達は付近に友達もいたし、さぞや落胆するに違いない。少々残っていた財産も灰になり、相当額の損害であった。今でも妻からこぼされるが、彼女が若き日にたしなんだ錦心流の琵琶を焼いたことは残念しごくであった。

数日後、幸いにして手に入れた闇物資をみやげに、安中へ行くために切符を求めに行ったが、入手できなかった。それならと、自転車で行く決心をした。車庫前の田原自転車店は、私と同県同町の人である。わが家の自転車は古いものの、車体はまああであった。三十里(約百二十キロ)の遠乗りだ。念入りに手入れを頼んだ。おれに任せろと二つ返事で引き受けてくれたが、重いものを載せてはいけない、身一つでいくべきだと釘を刺された。仕方なく荷物は弟の会社のトラックに依頼して運んでもらうことにして、翌朝出発することにした。

早朝四時半、意を決して大久保車庫を発進した。まだ明け切らぬ焼け野原を、ペダルを踏む足も軽く突っ走り、またたく間に池袋に着いた。家族に会いたいという欲求とは大したものである。池袋を後にすると一直線、戸田橋を目指して走ったが、心のうちには家族の顔が浮かんでいた。会えるのは何時になるか、会えたらどうしようと、楽しみを心に浮かべペダルを踏んだ。

上尾、鴻巣、熊谷、深谷を過ぎ、本庄にさしかかるころには、ペダルを踏むというより、踏んだペダルの回転に足が頼っているようで、しばし休まざるを得なかった。一服していると、そうだ、新町へ出れば妻の実家があると思いついた。実家で一泊しようかと思案しながらまた自転車にまたがった。渡った鉄橋の下に流れていたのは神流川であろう。いま一息で新町だと、勢いを盛り返して妻の実家にたどり着いた。

陽はすでに妙義山と荒船山の間に傾きかけていた。妻の母親にお茶と腹ごしらえをしてもらい、一息ついた。泊まって明日の朝行けと言われたが、一気に疎開地へと向かった。着いた時間は六時を過ぎていた。子供達を寝かせ、妻に語った四方山話は語り尽くせぬほどあった。東京の惨状、家の焼けたこと、ことに中野坂上の塔の山大防空壕で付近の人達が多数焼死したこと、お前達も疎開していなかったらこれらの人達と運命をともにしていたぞと、私の決心の正しかったことを強調したりであった。夜半になって横臥《おうが》したが、疲労は極に達していた。

# 第二十九章　口髭の由来

翌朝目が覚めると何となく鼻の下がかゆかった。午後になってもかゆみは治まらず、無意識に何度もかいていた。次の朝、粟粒大の腫物ができていて、時間がたつにつれ大きくなっていった。腫物の周囲も赤く地腫れしていて、熱も出てきた。妻から、これは、面疔《めんちょう》かもしれない、早く医者へ行けと言われ、須藤という軍医上がりの医師に診療を乞うた。妻の言うとおり面疔であった。

医師いわく、「このご時勢では麻酔薬が手に入らない。おれの手術は少々荒っぽいが、その積りでいてくれ」と、アルコールランプに火を点じた。「今言ったとおり、生で切開するのだから痛いががまんしろ」とメスを刺して切り開いた。痛かったことは確かだが、覚悟していたほどではなかった。無事手術が済むと、十日間の加療を要すとの診断書をくれた。すべての病気は体の疲労時に発病するとは本当だと、初めて身にしみて体験した。

病気のおかげで久しぶりに家族との団欒を満喫し、膏薬をもらって帰京した。しばらくの間髭が剃れないので残しておかざるを得なかった。当時乗務員の中には、様々な職業から転職してきた人がいて、運転手の関口勝栄君は床屋の出身であった。産報事業の一環として、許可をもらって理髪業を行っていた。その関口君に傷跡を隠すためにも髭は残しておいた方がよいと勧められた。それを馬鹿正直に受け入れて、その後三十余年の間生やし続けることになる。いわゆるどじょう髭というやつだ。大して顔に品位が増したようには見えなかった。生来体毛が薄いせいか、光線の加減によっては生えているのかいないのかさえわからない代物だった。

あるとき剃り落として帰宅したが、妻を初め子供達も以後四日間も気付かず、たまらずに催促して気付いてもらったほどであった。自分にとってこの髭は、戦時中の労苦を語る貴重な記録である。

職場の人数は少なくなったが、その一方で東京の人口も減り、都民の足として迷惑のかからない程度の運行は維持していた。屋根のはがれた庁舎は、三階を屋根代わりにして、二階以下で執務がなされた。

第三十章　敗戦となる
　　　　――いも掘りに精を出す

# 第三十章　敗戦となる
## ――いも掘りに精を出す

敗色濃厚となり、小磯内閣が去って鈴木貫太郎内閣が登場した。アメリカでは大統領ルーズベルトが死去し、トルーマンが新大統領に就任した。一方、三国同盟のイタリアは、昭和十八年九月八日早々と連合軍に無条件降状しており、その後一年七カ月してムッソリーニが民衆に逮捕され、銃殺され最後をとげた。もう一方の旗頭ヒットラーはベルリン陥落後自決し、昭和二十年五月ドイツもまた無条件降伏の道を選んだ。こうして連合軍の矛先が一斉に日本に注がれ、首都東京は五月二十四、二十五日のＢ29による大空襲でその大半が焼失した。

大久保電車営業所前は前田家の下屋敷であった。後のＮＴＶゴルフ場である。当時は前田利秉さんが住んでいた。都政が敷かれるとすぐ都議会議員になった。さすがに加賀百万石、実は百二十万石あったといわれるだけのことはある。広大な敷地は一万坪（約三万三千平米）に達していた。戦前は、椎の木を始め、クスノキ等の大木が繁茂し、雑木林が点在していたが、この空襲で枯死していた。燃料無配給の折とて、伐採させてもらえないかと思い立ち、後の大久保電車所長、当時はまだ助役であった石坂九馬さんと連れだって前田家を訪れた。その道すがら、遠くから近づいてくる爆音に空を見上げれば、米軍による降伏勧告の宣伝ビラが風に押し流されて舞い落ち

大正15年新宿分車庫として開設された大久保電車営業所。昭和45年３月廃止。
（東京都交通局刊行『都電60年の生涯』より）

てくる。ビラには板垣退助の写真が刷り込まれ、日本国民は自由民権を忘れたのかと叱咤していた。

訪れると例の前田利乗さんが、ラッコの襟巻をした三太夫老を従えて会ってくれた。私は説得に努めた。「私の母は加賀百万石のお膝元の石川県七尾市にほど近い中島村で生まれた。そうした関係からすれば前田家ともまんざら無縁ではない。実は勝手なお願いだが、今交通局には木炭一俵の配給もなく、始発終車の担当者が暖まる燃料がない。ぜひ邸内の焼けた木を職員の燃料に寄付していただきたい」と。話を聞いて前田氏は、「かかる状況では財ある者が提供するのは当然だ。その上、君達の場合は公の仕事上必要な物だ。寒いときにはさぞかし辛かろう。しかし当方とて薪には不自由しているから、半分は当方に納めてくれないか」と答え、交渉は成立した。ついでに、「この広い庭を掘り起こしてサツマイモを植えたいがどうですか、収穫したイモは適当に案分して差し上げますが」と言ってみた。食糧事情はいずこも同じ、早速御承知を賜わり、ありがとうございますと土に頭が付くほどの低さで礼をして帰った。

　相談の結果、車掌二名、運転手一名、いずれも百姓の経験のある者を農耕に従事させることにした。私も厚生員の立場からではあったが、自らの百姓の経験も生かし、翌日から農耕指揮に当たり、焼けた木の伐採にも加わった。伐り出された材木は膨大な量で、約二カ月間大久保電車の炉端をにぎわした。庁舎の天井は真っ黒に染め上がり、いつまでも当時の思い出を語ってくれていた。

　農耕部隊の梶原、今村、吉田の三君は、紹介者を介して所沢の農家に掛け合い、庁舎の糞尿を汲み取っては農家に運び、食糧と交換して所員を喜ばせた。サツマイモの苗も糞尿との交換で所沢から譲り受け、植え付けた。私も自分の持ち分として三十坪ばかりを耕し、ホウレンソウ、ジャガイモを昔とった杵づかで栽培し、三十年ぶりに土に親しんだ。

　そのころ、昭和九年の新宿支部長で東交本部執行委員としても活躍していた同県人志倉朝次郎君が栄養失調に陥り、厚生員助手として事務をとってもらっていたが、それでも体がだんだんやせてくる。話を聞けば、中野前原三番地、高等学校前の焼け跡に掘っ立て小屋を建て、地面にトタン板を敷いて寝ているという。同君の健康を心配して、営業所で寝るように勧めたが、住めば都になったのか、離れようとしなかった。無理強いするわけにもいかず、ただ衰弱する姿を見守

終戦後の新宿駅前通り。正面に伊勢丹、右手に三越が見える。（新宿区役所刊行『新宿区15年のあゆみ』より　提供＝石川光陽）

りながら、戦争の終焉《しゅうえん》をひたすら待ち続けた。

連合国は、原爆で広島、長崎を一気に壊滅させる一方、その他の都市も矢継ぎ早に爆撃し、早急な無条件降伏受諾を勧告してきた。日本政府は、歴代天皇の御稜威《みいつ》も何のその、神風など最早吹く状況ではないことを知りながら、なお天皇機関の利を忘れられず、条件つきの降伏を勝ち取ろうとしたが拒絶され、ついに八月十五日、ポツダム宣言を受諾し、天皇の放送となった。この放送を玉音と名付け、汝臣民は承ったのである。玉音に耳をそばだてた国民はすでに食うに食なく、住むに家なく、着るに衣なき、耐え難き境遇に追い込まれ、礼節も忘れた生き物と化していた。国敗れて在外者は、引揚者となって連日のごとく舞い戻って来たが、米は少なく、人は増えていった。やっと終止符が打たれた十五年戦争は、思えば長い長い苦難の年月であったが、今後の道程にも忍び難きことが

郵便はがき

恐縮ですが
切手を貼っ
てお出しく
ださい

1600022

東京都新宿区
新宿1－10－1

**(株) 文芸社**

ご愛読者カード係行

| | | | | | |
|---|---|---|---|---|---|
| 書　名 | | | | | |
| お買上<br>書店名 | 都道<br>府県　　　市区<br>郡　　　　　　書店 | | | | |
| ふりがな<br>お名前 | | | 明治<br>大正<br>昭和　　年生　　歳 | | |
| ふりがな<br>ご住所 | □□□-□□□□ | | | 性別<br>男・女 | |
| お電話<br>番　号 | （書籍ご注文の際に必要です） | ご職業 | | | |

お買い求めの動機

1. 書店店頭で見て　2. 小社の目録を見て　3. 人にすすめられて
4. 新聞広告、雑誌記事、書評を見て（新聞、雑誌名　　　　　　　）

上の質問に1.と答えられた方の直接的な動機

1.タイトル　2.著者　3.目次　4.カバーデザイン　5.帯　6.その他（　　　　）

| | |
|---|---|
| ご購読新聞　　　　　　新聞 | ご購読雑誌 |

**文芸社の本をお買い求めいただき誠にありがとうございます。この愛読者カードは今後の小社出版の企画およびイベント等の資料として役立たせていただきます。**

本書についてのご意見、ご感想をお聞かせください。

① 内容について

② カバー、タイトルについて

今後、とりあげてほしいテーマを掲げてください。

最近読んでおもしろかった本と、その理由をお聞かせください。

ご自分の研究成果やお考えを出版してみたいというお気持ちはありますか。

ある　　ない　　内容・テーマ（　　　　　　　　）

「ある」場合、小社から出版のご案内を希望されますか。

する　　しない

ご協力ありがとうございました。

〈ブックサービスのご案内〉

小社では、書籍の直接販売を料金着払いの宅急便サービスにて承っております。ご購入希望がございましたら下の欄に書名と冊数をお書きの上ご返送ください。（送料１回210円）

| ご注文書名 | 冊数 | ご注文書名 | 冊数 |
|---|---|---|---|
| | 冊 | | 冊 |
| | 冊 | | 冊 |

## 第三十章　敗戦となる
### ――いも掘りに精を出す

待っていることを覚悟しておかなければならなかった。

玉音を聞いていた所長は、所員をよそに止めどなく涙を流していたものの、放送を信じようとしなかった。富国強兵の明治教育で育てられ、しかも自身がそうした教育を施した学校の先生であっただけに、心情を察するに余りあるものがあった。

玉音の流れる一週間前、天下り最後の山内逸造局長が各営業所を激励に回ってきた。挨拶にいわく、諸君、戦争はあと何日かで終わる。あと少しのしんぼうだと言って帰った。局長はもともと国家官僚であったから、すでに敗戦を知っていたのである。この挨拶と巷でささやかれるうわさ話、そして街の惨状から推して、終戦が間近に迫っていることは疑いようがなかった。後日、この山内局長とはいざこざが絶えなくなるが、降伏直後の産報会議で出会ったときには、感慨深げにあの挨拶のときの心境を語ってくれた。「おれはとっくに敗戦を知っていたが、さすがに言い出すことはできなかった。」と。

とにもかくにも戦争は終わった。やれやれこれでいつの日か家族を呼び戻せると、希望がわいてきた。

終戦処理の東久邇宮内閣が成立し、ミズーリ艦上で重光葵《まもる》外相が降伏調印。

時代の流れは急転回し、戦争協力の産業報国会は解散、十月四日には治安維持法の廃止、政治犯釈放、特高警察の廃止等の指令がＧＨＱから出され、封建社会の根底がくずれていった。

# 第三十一章　東交の再建
## ――波瀾に満ちた再建協議会

内閣は代わって幣原《しではら》内閣となった。共産主義運動の総帥徳田球一氏を始め、志賀義雄氏ら三千名の政治犯が釈放となる。府中刑務所を出た徳田球一氏は第一声で、「われは今日までの被告なり、天皇は今日よりの被告なり」と叫び、ビラとなって天から降《くだ》った。私はこのビラを日比谷で拾った。この意義ある声明文を今日持っていればよき記念になったものをと、紛失したことが惜しまれてならない。

しかし、この釈放は、日本軍国主義を壊滅させ、民主主義を育成せんとするもので、共産主義を歓迎したものではなかった。このことは、二・一スト中止命令によっても明らかなことである。察するに、時計の針が指す十二時が民主主義とすれば、十二時を指すために右に傾き過ぎた針を故意に左に回していたに過ぎない。まさにこの認識のあるなしが戦後の日本労働運動、政治活動の分水嶺となったと思う。日本共産党はいち早く再建され、続いて日本社会党、日本自由党、日本進歩党が相次いで結成され、労働組合もまた、大阪交通労働組合、神戸交通労働組合、京都交通労働組合と、続々と結成されていった。

わが東交でも再建案が打ち出され、協議が重ねられたことは言うまでもない。しかし、再建に向けての懇談会は後述するように紛糾を極めた。

再建までの間、産報機関の内内ではあるが、われわれ厚生員はそれまでどおり従業員の利益を守ってきた。共済組合と健康保険組合の運営は、組合員の掛け金と当局からの交付金から成り立っている。この労使の負担割合は、労働組合の重要な関心事であり、産報においても論議の中心課題であったことに変わりない。運営の役員は選任側、選出側に分かれて、労使双方から選出されていた。ただし、役員による話し合いが煮つまっても、局長の決裁がなければ効力は発効しなかった。したがって当局生え抜きの局長であれば決裁は容易であったが、天下りの局長には十分な説明が必要であった。

昭和20年10月、政治犯釈放で府中刑務所を出獄した徳田球一（正面左）、志賀義雄（同右）の両氏。
（毎日新聞社刊行『1億人の昭和史』より）

当時の健康保険組合理事長は野木六郎という感覚の若い、話のわかる庶民的な人物だった。なかなかのしゃれ者で、白髪頭に赤いネクタイを締め、これがまたよく似合った。好人物ではあったが、後日、渋谷区長に立候補し、残念ながら落選した。この理事長の発案で、天下り局長に労使負担割合の話をする前に、一度サービスをしておいた方がよかろうと相談は一決した。もちろん掛け金を少なく、交付金を多くするためだ。

東武電車武里駅近くに雷魚のあらいを始め淡水魚を食べさせるうまい家があるとのことで、そこで談判的交渉ではなく、食事でもしながらやんわりと話し合おうと局長を招いた。店の裏には利根川が緩慢に流れ、一見、沼のように見える。いかにも雷魚が住みそうなところだ。当日は、共済組合から配給のビールや酒を回してもらい、トラックに揺られて乗り込んだ。選任側は山内局長を筆頭に、総務を始め理事全員が出席した。選出側は河野平次、重盛寿治、岡本丑太郎、飯塚愛之助、田村徳次の面々である。

乾杯が済んで杯《さかずき》が行ったりきたりするころ、戦災復旧工事の進捗《しんちょく》の話になった。工事はすでに随所で行われていたが、迅速な復旧工事をするためにはと、河野君が発言した。いわく、「早期に運転を再開するためには、今のような工事をしていてはだめだ。銀座で軌道工事、杉並では架線工事と分散して工事を行っている限り、どの区間も電車は走らない。銀座線をまず走らせたいなら、そこに軌道も架線も工事を集中して行えば、その線だけは電車を走らせることができる」と、合理的復旧論を進言した。私たちが聞いていても筋の通った話であった。ところが、今日までどこの職場に配属されようと上意下達で職務を執行してきた官僚局長には、この進言がカチンときた。現場のことなど知る由もなく、東交労組の伝統なども彼の頭になかった。たちまち火のように憤り、「君は何だ、身分をわきまえろ」と大喝一声怒鳴り出したから穏やかではなくなった。由来、河野平次君は緻密な頭脳に加えて、度胸のすわった、胸に問い、腹で答えのできる人物だった。言論右派で行動左派との異名を自他ともに許してきた男だ。天下りにはそれがわからなかった。これはえらいことになるぞと一同が心配する間もなく、スックと立ち上がった河野君は、「何を、いま一度言ってみろ。身分をわきまえろとは何ごとだ。貴様のようなやつがいては交通局のためにならない」と声を張り上げると、茶碗をつかみ、局長目がけて投げようとした。間髪を入れず電車輌工場長の大橋さんが河野君の手にぶら下がり、私と飯塚君が飛びついて押さえようとする。局長はぶったまげて後退りする。河野君はなかなかの力持ちで、押さえ込むのも大変だ。「君達は何でおれを押さえるのだ。交通局の歴史も知らないで身分をわきまえろとは許しがたい。こんな局長にいてもらっては一万五千名の従業員のためにならない」と、怒髪天を衝いた。あの怒りようは河野君を知る二十数年のうち、最大最高のものであった。

河野平次氏

　思えばこの事件には布石が敷かれていた。以前、産報下の従業員を代表して、河野、重盛、岡本その他の諸君が、ある訴えをしようと山内局長の自宅を訪れ、面接を求めたことがあった。そのときこの局長は、言いたいことがあるなら順序を経て来いと、門前払いを食わせようとした。職階級を通じろとの官僚意識まる出しである。すかさず河野君が、順序を経ていたのでは真実は伝わらないと力説したそうだ。

いずれにせよこの一件は天下り局長の大失敗であった。その原因は下情に通じない官僚の慣習と認識不足にある。とかく官僚行政というものはかくのごとき人物を育ててしまう。

人々の慰留によって一応その場は済んだが、せっかくの雷魚のあらいは食わずじまいであった。それにしてもヒヤリとさせられる瞬間であった。もしあのとき茶碗が手を離れ、局長に命中していたら、惜しい人物を懲戒に追いやるところであった。その一方で、頼もしい気分で胸がいっぱいになり、私の備忘録《びぼうろく》に忘れられない一駒として残っている。

二十年十月二十四日、山内逸造局長は更迭され、都政人春彦一氏が局長に就任し、厚生員諸君もやっと一息ついた。折から引揚者輸送のため、各駅は混雑をきわめた。こうした引揚者をねぎらうために春局長は厚生員を招集し、物資の贈呈などに努めた。また、自らも陣頭に立って上野駅頭で活躍した。もちろん、組合再建についても官僚よりはるかに理解が深かった。

組合再建に取り組むにあたり、課題は二つあった。第一の課題は、組合員の構成範囲、第二の課題は戦後日本の建設をわれわれ労働者の手によってどう行っていくかであった。

この二つの課題をめぐって、陣営は二分されていた。第一の陣営は、産報時代従業員から選出された理事、参事、幹事の面々で、産報以前は東交本部員、各支部の正副支部長、さらにはこれらに連なる役員諸君であった。産報下ではあったが、従業員の身分、待遇問題等に奔走し、ほとんど労働組合的日常活動に従事してきたことは前述のとおりで、一度《ひとたび》組合再建を呼びかければ直ちに呼応する人達であった。この陣営に属していたのは河野平次、重盛寿治、岡本丑太郎、飯塚愛之助、田村徳次、阿部安次郎その他である。このグループはすでに活動を開始していて、最重要問題としたのは組合員の範囲、資格であったが、戦前とは事情が異なるのだから、今後は組合員の範囲を係長、所長以上の役付きは除いて一般職員まで拡大すべきだという当然と思われる方針を打ち出していた。しかしこのグループとは別に、職場の一角で東交再建準備会なるものが生まれ、九月二十日付で早くも再建声明書が各職場に散布された。その声明文は排他的色調を帯びたものであった。

全職場の兄弟諸君！　吾々は今や何ものにも恐れ憚る処はない。天下りのゴマ化し組織を排し、各職場の有志を募り吾々自身の中から組織をつくり、茲に準備会を発足させた。

吾々の東交を吾々自身の手によって再建しよう。

この準備会の中心人物は北田一郎、島上善五郎、斎藤為雄、牧野松太郎、日原薫、峰岸新三郎氏らであった。

一般職員を構成員に組み入れるかどうかをめぐって、誕生した二つの準備会には重大な対立点があった。このままでは発足と同時に分裂に至ってしまう。そうしてはならぬと、双方から五名ずつ小委員を選出し、隔意なき懇談を行うことになった。折衝は数回に及び相当の時間を空費し

## 第三十一章　東交の再建
### ――波瀾に満ちた再建協議会

たが、両者その主張を曲げず、最後に河野、島上両者の会談、折衝を経てやっと妥結した。こうして、原則、現業員（雇員）を組合員とし、吏員については組織機関が承認した者はこれを加入させることで落ちついた。運動方針についても河野、島上の両者が起草することとなり、ここにようやく二つの準備会が一本に統合された。

この間、職場においては、急ピッチで支部の組織化が進められ、二十年十一月七日には蔵前工業会館に正副支部長八十余名が参会し、先の妥結案を確認し、準備会案として提出された。運動方針は、待遇改善と生活向上のための闘争は当然とし、加えて、平和を愛する労働者、文化人が一億一心、新日本の建国に努めようというものであった。けだし、わが国の損害は、艦船、航空機その他の軍事的損害を除く平和産業だけでも合計四兆三千億円に達し、その上領土の四三％を失い、しかもこの狭くなった国土に海外引揚者、復員者を一時《いちどき》に迎えねばならぬという、民族総難儀が待っていたからだ。従って、日本再建のためには産業の復興への協力も当然運動方針に組み込まれることになった。

こうしたわれわれの決意を後押しするように連合軍は、新聞及び言論に関する制限法の全廃、信教の自由、民権の確保、教育制度の改善、神道の国家からの分離及び神道教育排除、軍国主義的並びに超国家主義的思想の抹殺、政治犯の釈放、軍国主義者、戦争指導者の公職追放など、民主化のための政策を矢継早に打ち出してきた。

かくして東京交通労働組合再建大会は、昭和二十年十一月二十日、神田共立講堂で挙行されることになった。

# 第三十二章　共産党への入党勧誘を断る

その当時私は、例の前田邸のサツマイモ畑の番人として、敷地内の掘っ立て小屋を改造して住んでいた。戦時中この小屋から高射砲が一基空を向いていた。敵機は上空を幾度となく乱舞したが、一発の砲声も発したことがないお飾り砲であった。もし一発でも鳴っていたら防空施設ありと判断され、猛爆をうけるところであったと町の戦争通に聞かされた。なるほどと感心するとともに、玩具にしておいた兵隊さんに遅まきながら感謝した。

この小屋は将校が乗る馬の厩舎《きゅうしゃ》で、終戦とともに空き屋になっていた。この馬小屋を改造して、六畳と土間二坪の勝手をつくり、前田家の焼け跡から俗に言う西洋竃《へっつい》を拾ってきて据え付けた。この小屋を改造してくれたのは、車庫勤務の清水君という技工、すなわち大工さんで、人のよい、酒の好きな親切な人だったが、両国駅へ電車のボディーを引き取りに行き、事故にあって殉職した。今生きていてくれたらウィスキーの一本ぐらいあげられるのにと、折に触れ胸に去来する忘れられない人である。

電灯は電車のトロリー線から引き込み、水道は東水労淀橋浄水場の同志達が、長いのやら短いのやらパイプを拾い集めて繋ぎ合わせ設置してくれた。お釜や鍋も焼け跡にころがっていたのを拾い集め、磨いて使えるようにした。こうして寝泊まりした住まいは今までの中で最高のものであった。一万坪の広大な敷地にたった一軒、まさに王城の主人さながらで、こんな心地よい生活をしたのは生まれて初めてだった。夜は少々さびしかったが、線路沿いの大久保電車営業所で、暗い電灯の下《もと》、終車が入庫するまで職員が働いているのが見えたから心強かった。夜が明けて、農耕に従事する仲間達と広々とした庭を眺めながら、新鮮な空気を腹いっぱいに吸っていただくお茶の一服は、表わす言葉もないほど美味しく、楽しい気分に満たされた。これも戦争に負けたお陰だと敗戦に感謝した。

とある夜突然に、東交目黒支部の斎藤為雄、広尾の牧野松太郎、青山の橋本三郎、早稲田の村越喜市他三名ばかりの諸君が訪れた。大挙して大邸宅に何事かと思いつつ、暗い電灯の下でのにわか会談になった。旧東交の仲間達ゆえ話ははずんだが、つまるところ日本共産党に入党せよとの勧誘であった。いずれも弁舌はさわやかで、入れ替わり立ち替わり党の効能書を説明し、処方箋までこまごまと示してくれた。ついでに再建される東交労組の主導権を握っていると弁舌の間に間にちらつかせてくる。私もこれまで直接間接共産主義の洗礼を受けてきたが、右はもちろん、左といえども独裁はきらいだった。求むるものは自由であり、その自由を共産主義国家や共産主義集団はどこまで与えるつもりなのか疑問に思っていた。せっかく高い代償を払い、三百余万の尊い人命を失ってやっと手に入れかかっている民主主義を、右が左に変わるだけで独裁が復活するのであれば意味はない。ことに共産主義者は当時、少数精鋭による暴力革命をテーゼとしていた。まさにこれあっての共産党であり、これを忘れた共産党は歌を忘れたカナリヤで、似而非《えせ》共産党であると自他ともに思っていた。

ようやく戦争も終わり経済復興のきざしが見えようとしているときに、またもや内部から暴力で破壊しようではたまらないというのが国民感情だ。ことに徳田球一氏の、「われは今日までの被告なり、天皇は今日よりの被告なり」の言葉の裏には、長い間抑えつけられていた人間の復讐的革命をなさんとする意志が潜んでいるように読み取れた。天皇もわれ人間なりと天下っている。天皇は、長期に亘って天皇制の覇権を握っていた君側の奸に操られた宿命的な人だとも思っていた。それに私は、英雄崇拝主義は大きらいだった。レーニンは確かに偉人には違いない。しかしその顔写真がそこかしこに掲げられていると、かつての天皇御真影が想起され、いやな気分に襲われる。人々が参拝する神社も歴史を語る史跡と見れば貴重であるが、翻って例を挙げれば、日光東照宮は徳川家康が大量殺人によって万骨を枯らした記念碑ともとれる。八幡神社も豊太閤の豊国神社もその例に漏れない。天神様、弁天様、佐倉宗吾神社を除けば殺人に関係のある神様は多いのである。これに比して仏はそうした関係には遠く、自分にとって身近にも感じられ、拝みも祈りもする。といっても拝んでいれば生活がよくなり、無病息災で生きられるわけではない。

仲間同士で話ははずんだが、入党拒絶の姿勢は変えなかった。一同は諦めて帰りかけたが、一面のサツマイモ畑を見てうらやましがった。ことに斎藤君は、おれも子供が多く食べ物には困っているよと歎息してくどいた。その言葉に誘い出されるように疎開家族のことが思い出され、十分食べているのかどうか心配になった。家族を思いやることも他人を思いやることもこの際同じだと、「斎藤君、あす早朝、せがれになるべく大きな袋を持たせてよこせ、今夜のうちにおれがサツマイモを盗んでおくから」と伝えて帰した。

大久保電車の二階の事務所から電圧の低い電灯のかすかな光が送られてくる。宿直の職員がちらほら見える。一時ごろになった。そろそろいいだろうとイモ泥に腰を上げた。毎日イモ番をしているから夜中でもどこにでっかいのがあるか、地割れの具合で見当がついている。あたりに気を配りながら相当大きいやつを抜き取った。あまり気分のいいものではなかった。なにしろイモはみんなの共有物だ。監視役をおおせつかっている身でありながら、いくら人助けとはいえ泥棒に変身してよいわけはない。しかし一度約束した以上、良心の呵責に耐えながらもイモ掘りに精を出さざるを得なかった。

一番電車で来たのだろう、斎藤君のせがれに起こされた。言ったとおり大きなリュックサックを持っている。大急ぎでイモを詰め込むと、早く早くと急《せ》き立てて帰した。農耕組の三人がやってきたのは八時半ごろであった。三人ともタバコをつけながらイモ畑を眺めている。気がつかなければよいがと、神頼みの心境であった。そのうち、梶原君が気がついたのか、おはようと家に入ってきた。「田村さん！」と呼ばれてギョッとした。「夕べイモが盗まれたらしい。それも大きなイモばかりだ。相当事情を知っている奴の仕業だと思うが、残念なことをした」とうらめしそうに言う。胸にドキンと五寸釘の痛さであった。三人は所長とイモの収穫高などを計算して楽しみにしていたのにと、心で彼等に詫びた。

敗戦濃厚になった昭和十九年暮れごろから生活のために地方公務員から闇屋に転じた人が多い。そのためどの営業所も従業員の数が減り、新宿、大久保、杉並の三営業所が統合された。この統合に伴い人情所長田保広氏は健康保険関係に転任し、代わって栗原源内氏が所長に就任した。田保氏はこの農場のサツマイモも口にせず去って行ったわけだ。本人は現場で働く従業員との接触がよほど楽しかったらしく、保険関係の職務で一人、机に勤務するさびしさに耐え兼ねたのか、やがて郷里石川県輪島に帰り、高等学校の教諭に転じた。

焼け跡に人々は鍬をふるい、電車は動く。敗戦後の銀座風景。
(『東京都交通局60年史』より)

# 第三十三章　続、疎開家族の生活

三営業所統合以来、大久保電車は新宿営業所の派出所となり、早番と二番の主任を長として運営されていた。職場のことはともかく、共産党入党を勧誘してきた斎藤為雄君の子だくさんと食糧難の話を聞いて急に疎開中の家族のことが心配になってきた。東交再建前に行っておかねばと、農場の土手に這わせて育て上げたカボチャをみやげに、久し振りで安中に帰った。

弟が早速やってきて、サツマイモを掘るから手伝ってくれと言ってきた。少しは分けてくれるものと期待をかけて手伝った。畑は向こうが丘の鷺之宮という村にあり、その村はわが母の養家のある村であった。折から降り出した雨は容赦なく体の芯まで濡らした。野良仕事を終えたものの、一かごのイモももらえなかった。子供達や妻も期待をふくらませていたのにと、申し訳なさでいっぱいだった。妻は濡れネズミのまま手ぶらで帰ってきた私を見て、落胆すると同時に、私に対して哀れさも感じたことであろう。お父さん、イモはもらえなかったのと一言《ひとこと》言っただけであった。浅ましきは人間の追い詰められたときの姿だ。親兄弟と肉親の関係にあっても、国敗れ、人が増え、衣食住に窮すればけだもの以下になり下がる。大勢の子供を引き連れて不自由な疎開地で、サツマイモ一本だけでもと思っていた夫婦は、まだ降り続く雨を眺めながら鼻をつまらせていた。

心配していた次男坊に妻は、裏の方の田んぼからタニシをとってきては与え、蛋白質の補給に努めていた。野菜の代わりにはアカザを初め野草を代用した。聞かずともわかる欠乏時代に、心から頼れる人なき子連れ疎開。ぐちが出るのも当然だと、子供には見せられぬ涙をぬぐった。弟にはいつか人間学を一言話して聞かせねばと思った。

帰京しようとした日、弟がやってきた。今日こそ一言と話しかけた。「戦争は終わっても東京は即復興なんて状態ではない。伊勢丹は占領軍の宿舎に使われていて、そこから吐き出されるカン詰や残飯をにわか乞食にならざるをえない人達が漁っている。東京ばかりではない、どこもかしこもで、一億総乞食の手前までできている始末だ。ここに疎開して君の世話にならなければならないのもおれの能力や勤怠とは無関係であることを理解し、めんどう見てくれ。人の運命というものはわからないものだぞ、母親を見ろ。石川県鹿島郡中島村の回船問屋の一人娘に生まれ、米の飯に鯛の塩焼き、そして刺身はつきものだったと聞かされたが、それがどうだ。家がつぶれ、はるばる群馬のこの地にたどり着き、貧乏人の嫁になり、子宝に恵まれすぎたせいもあるが、サンマ、イワシも満足に食べられずに死んでいったではないか。一寸先は闇だぞ。人の運命は棺の蓋をするまではわからない。蓋をしたときにその人の評価が決まるのだ。困ったときに頼りになるのは親族だが、国難の今日においてはなおさらのことだ。面倒をみておいてあげれば、恩が返ってくることもある」

わかったのかどうか得心を探る余裕もないまま帰京を一日延ばし、養女にあげた四女和枝（三歳）を見に行った。

弟の家は安中杉並木の入口にあった。左側の道路脇にはかの有名な新島襄生家入口の石碑が立っている。中山道の真ん中ですわって遊んでいるのが弟にあげた四女和枝であった。大急ぎでわが家に抱き込んだが、鼻を突いてきたのは頭髪の臭気であった。見れば地肌が見えないほどあかがたまってかさぶたのようになっている。風呂を沸かして頭を逆さまにして洗ってやりながら、いくら子供がほしいと頼まれても子供を生んだことのないやつにはあげるものではないと反省し、彼等には親になる資格はないと腹が立った。このまま引き取ってしまおうかと思ったが、待てしばし、さっき弟に妻や他の子の面倒を頼んだばかりだと引き取るのを諦めざるを得なかった。これというのも一部の強欲どもが仕組んだ戦争のせいだと恨みは尽きなかった。

弟は当時、貨物自動車を現物出資し、合資会社群馬貨物の重役に名を連ねていた。戦争が終わると従業員側は、全国的規模で沸き上がる労働組合結成の趨勢に刺激され、この合資会社でも組合を結成しようとの気運をみなぎらせていた。弟は上層部にいただけにこの動きに難色を示していた。相談を受けた私は、どの企業であれ活眼をもって将来を見通すべきで、経営側は民主的運営を心掛け自主的に組合が結成されるのであれば妨害してはならないと釘を刺した。同時に、年内に労働者を守る労働諸法が国会を通過するぞと言い添えた。これを聞いて弟は、明朝従業員を集めておくから、組合の組織と運営について話をしてくれと私に講師を頼んだ。

先生とは言い難いが、自身で体得していただけに組織と運営については門前の小僧以上である。早朝会社に赴くと従業員を前に、戦前の労働組合の実態から始め、今後の組合のあるべき姿に至るまでとくと述べた。従業員に対しては、企業あっての労働組合であることを認識し、企業とともに自らの生活を守るために組織を結成すべきだと励ました。その一方で、その場に重役もいたことを意識して、企業もまた労働者のピンはねに努めるのではなく、社の財政が明白に従業員にわかるようなガラス張り経営をし、その上で利益の公平な配分に努めるべきであると付言した。こうして四十分ばかりおしゃべりをして帰京しようとすると、金五十円の講演料を包んでくれた。口を開きすぎて怒られたり損をした経験は数々あれど、おしゃべり料をもらったのはこれが初めてだった。

帰京には同社の東京行きのトラックに便乗させてもらった。トラックの上で風に吹かれながら戦争で疲れ果てた沿道の市町村を通り抜け、早くも熊谷にさしかかった。不運にも終戦の日に爆撃を受けた街だ。市街地は破壊されていたが、「国破れて山河あり」の言葉どおり、山河は変わっていなかった。軍部の一部で企てられていた無法な本土決戦を交えていたら、山改まり河川は埋まっていたかもしれぬなどと想像しながらトラックに揺られ帰京した。

いよいよ東交再建大会も迫り、身辺は一段とあわただしくなった。

# 第三十四章　東交再建大会開かる

## ――難航した人事は寄り合い所帯

幾多の小波瀾はあったが、それを乗り越え何が何でも再建するのだと、目標は一つであった。昭和二十年（一九四五年）十一月二十日、神田共立講堂で堂々と、再建大会が開かれた。

待ちに待ったこの日の会場は立錐の余地なき盛況。万雷の拍手とどろき、鳴り止まぬ中を開会の幕は切って落とされた。すでに二十四年に及ぶ闘争の歴史を刻んできた東交は、新時代の幕開けとともに、新たな使命を担ってまた一歩踏み出すことになる。

私に課せられたのは衣食住確保要求の趣旨説明であったが、喫緊《きっきん》の必要事項ゆえ満場一致で採択された。最重要議題は、規約、運動方針、役員選出の三課題である。規約は四十九条にも及んでいたが論議も少なくすんなりと承認された。運動方針については幾多の質疑応答が交された後方針書にまとめられた。

運動方針までは何とか事が運んだが、最も難航したのは人事、すなわち役員の選出であった。前述の如く再建に向けて二つの流れがあり、話し合いで選出するのは決して易々《いい》たるものではなかった。

こうして委員長選出については遂に決戦投票に委ねざるを得なかった。厚生員は一致して自動車部品川支部長重盛寿治君を推していたが、目黒の職場を中心とする島上氏らの再建同志諸君は、目黒の斎藤為雄君を委員長にしようとやっきになっていた。これには東交における主導権をいずれが握るのかという問題とともに、その陰に政党の姿がちらついていた。私のサツマイモ畑の番小屋に共産党入党の勧誘に来訪した斎藤君を始めとする諸君は皆共産党員であり、しかも斎藤君本人が委員長になろうというのである。東交の主導権を握り、共産主義普及に邁進しようとしていることは明らかだった。投票を前に共立講堂のトイレで連れションをしながら、「おい田村君、ここまで来たのだ、しっかり頼むよ」と声を掛けてきた重盛君の口調が今でも記憶に残っている。「おっと合点、大丈夫だ」と自信のほどを示した私の言葉は今も耳に新しい。

投票の結果は、二百四十四票対二百二十五票と僅差で、再建後の初代委員長は重盛寿治君に決定した。勢力は伯仲し、その谷間には合理性だけでは律し切れない感情も潜んでいる。万人が納得する人事などできはしないが、このとき重盛君が敗れ、斎藤君に代わっていたら東交の進路も様変りして、重盛君の運命も違っていたであろう。

かくして再生東交は、雇員の他に現場の職員をも糾合することになり、さらに翌年には事務部が結成されるとこれも吸収して交通局の全職員、雇員を包含する単一組合に発展した。本部事務所は後に教文館別館になった京橋区西銀座四丁目三番地に設置された。

かくして縁の下の力となって奮闘した再建への努力は実った。この大会の日にニュルンベルク国際軍事裁判が開始され、戦争犯罪人が大量に裁かれていったのは多少の因縁であろうか。

東交再建大会後、これに刺激されてか、月の替わらぬうちに東京都従業員組合、名古屋交通などが陸続と結成されていった。続いて全国交通関係の労組懇談会が開催され、東交が再建大会の運動方針で示した産業別労組の大同団結が提案され、ここに都市交通労働組合連合会の礎石となる活動が開始された。

東交ではさっそく、生活救済手当一千円要求や本給並びに諸手当三倍引き上げ要求などを掲げ闘いを開始したが、その頃、隣の横浜では横浜交通労働組合の結成、京成電鉄では生産管理を断行する等、労働組合の結成は旭日昇天の勢いであった。そして教育者もまた労働者なりと東京都教育労働組合が結成され、水道分野でも水道労働組合が結成された。終戦間もなくにしてそこかしこでこのような旺盛な組織作りがなされたのも、それまでの軍閥、財閥、官僚による抑圧が如何にひどいものであったかを物語っている。今こそ民主主義者が大同団結し、力を合わせ権力を奪取し、平和社会の建設と産業の興隆によって、働けば食える社会にしたいと切に願った。いずれにせよ、昭和二十年という敗戦の年は暗黒と黎明が紙を裏返すように入れ替わる年であった。

# 第三十五章　都労連の結成
## ——賃上げなど相次いで勝利

明けて昭和二十一年（一九四六年）を迎えた。正月元旦、天皇は神にあらずと神格否定を宣言。天孫の降臨ではなく、人間天皇として降臨した。まことに都合のいい御託宣である。数うるに骨が折れる元号年代を諳《そらん》じさせ、われ神なりと拝ませておきながら敗戦という神武以来の株価の暴落に直面すると、われ人間なりと神の座を投げ捨て、それでいて戦犯にも問われないとは何とも仕合わせな方だ。

ＧＨＱ（連合国軍総司令部）は、軍国主義団体の解散と軍国主義者の公職追放を指令してきた。その一方で、労働組合の育成に乗り出してきた。さっそく東京都では、最も在籍年数の短い一般職が東京都職員労働組合を結成し、都庁内に看板を掲げた。

こうなると都庁傘下の各組合の揃い踏みが要求され、その陣頭指揮を執るのは、歴史と経験の厚みからして東交以外になかった。ないない尽くしの正月も終わる昭和二十一年一月二十九日、東京都関係の組合が勢ぞろいし、対都共同闘争委員会が結成されることになった。

前述の東交の本給、諸手当三倍要求の嘆願書が当局に提出されたのはこの対都共闘委結成に遡ること一カ月余り前の前年十二月十七日であった。この嘆願書には給与問題の他に、八時間労働や生活必需品の廉価での配給などの要求も掲げられていた。これに対して当局は十二月分と一月分は臨時措置として東交の要求額に近い給与を支給することに合意し、それ以降の本格的賃上げについては都議会、都理事者、東交の三者で東京都交通局員待遇改善協議会を作り、その協議会で協議したい旨を回答してきた。これを組合側も了承し、二十一年一月九日、協議会の委員が次のとおり発令された。

都議会側　大沢梅次郎、高橋義次、上条貢、浅沼稲次郎、野村専太郎
組合側　重盛寿治、河野平次、柳田豊茂、斎藤為雄、日原薫
理事者側　町村金五、春彦一、渡部伊之輔、中島賢蔵、山口寛雄

この協議会は連日ぶっ通しで開かれ、白熱した論戦の末、組合側の要求のほとんどが貫徹された。諸手当増額についてはさらに給与制度改正委員会が設置され、同委員会で協議の結果、電車、自動車、工作関係等、それぞれ三倍から四倍の手当増額が決定した。また八時間労働制とともに組合側が要請した人事事務刷新委員会の設置についても二月八日、協議会はこれを承認した。

その後、この承認に基づいて設置された事務事業刷新懇談会では、都が前年十一月すでに実施を決定していた行政整理による定員三割削減案についても、その基準と被整理者の処遇に関し、組合側の主張のほとんどを承諾させることに成功した。しかし、前述の一月十四日妥結した賃上げ三倍の実施については雇員だけに適用され、職員の俸給は都全体と政府職員の俸給に照らし合わ

せてから実施するとして、協議会の決定を留保し一向に進捗《しんちょく》を見なかった。一月二十九日に開かれた闘争委員会は、当局の煮え切らない態度に業を煮やし、二月一日より業務管理を決行する方針を決定した。業務管理とは組合によって業務を管理しようというものであった。この闘争は全都五万従業員におしなべて係わる問題だけに東交は、東京都従業員組合、教職員組合、水道労働組合等に呼びかけ、対都共同闘争委員会を設置することを決定した。こうして同日午後二時、交通局図書室において各組合代表出席のもとに、第一回共闘委員会を開催し東交の方針を確認した。

　この強硬態度に驚いた当局は、職員の給与についても十二月分から二月分まで雇員と均衡を失わない程度の臨時措置を講ずる旨を発表した。こうして組合も矛先を収め休戦となった。

　その後、対都共闘委員会は二十一年二月九日の会議で官僚的行政整理反対及び先の協議会で承認された人事事務刷新委員会の即時設置その他の要求をまとめ、同月十五日の議決を経て、次のごとき要求書を都長官に提出した。

要求書

一、人事事務刷新委員会を即時設置せられたし
二、都直営の大規模なる復興事業を速やかに興されたし
三、八時間労働制を実施せられたし
四、女子従業員に生理休暇を与えられたし
五、戦災従業員に住居を提供せられたし

昭和二十一年二月十五日

対都共同闘争委員会

東京交通労働組合、東京都従業員組合、東京都水道従業員組合、

東京都職員組合、東京都教員組合、勤労部職員組合

東京都長官　藤沼庄平殿

二月二十日、この要求書に対して回答がなされたものの、共闘委員会が満足するものではなかった。そこで共闘委員会は、行政整理を含む要求五項目を協議する協議会の設置と、その協議委員には対都共闘委に参加している六団体の代表を加えることを求めて要請書を提出した。この要請をもとに当局と交渉を重ねた結果、ようやく人事事務刷新懇談会が設置される運びとなった。

次いで同年四月十三日、共闘委員会で、職員の給与問題を俎上《そじょう》に載せ、鉄道、逓信、大蔵その他の官庁労働組合と連携し、積極的に大衆行動を起こす具対策を立てるために各組合から委員を選出すること、並びに、対都関係六組合の統一を実現する旨を決議した。

対都六組合統一の決議には布石があった。これ以前の三月二十日、総司令部民間情報局教育係クライン中尉が都関係組合の代表を招致し、放送会館で懇談会を開いた。このとき同中尉は、東京都という同一企業内に六組合も存在していることは不合理であるから、すみやかに単一組合として統合すべきであると勧奨を行った。しかし、各組合とも内部事情が異なり、そう簡単には実

現が困難であったので、再三協議を重ね、対都共同闘争委員会を恒常的なものとして連合会に改組することに決定した。

かくして昭和二十一年五月二日、対都共闘委員会を発展解消し、新たに東京都労働組合連合会を組織することを決定し、同年六月八日、田村町の旧放送局前飛行会館で結成された。結成に際して連合会は、各組合共通の問題に関して緊密に連帯し強力なる共同闘争を行うことを柱に、各組合の自主性を尊重する連合体であることを確認し、規約、機関役員、事務局を決定し、宣言文を発した。

ところで都労連結成を勧めてくれた総司令部情報局教育係は、組合首脳部に留まらず二級、三級の私達までGHQに招致し、民主主義の基礎たる労働組合の教育及び組織化に努めてくれた。大戦を引き起こしたファッショどもに踏みつぶされていたわれわれを、民主主義や団結を知らざる国民と見ていたらしく、戦国時代の毛利元就が三人の子供に矢を持たせ、一本一本では弱いが、三本一緒に束にすれば強靭になるという有名な逸話から始め、論を説いていった。まさに労働組合入門である。しかもこうした入門書をわれわれ一人ずつに配布してくれた。この本は記念としてわが家にとってある。

ところで対都共同闘争委員会は、都労連結成前の二十一年五月二十九日、飢餓突破資金一千円支給、職員給料の根本的改正外七項目の嘆願書を当局に提出していた。当局は都労連結成当日の六月八日、回答を寄せるはずであったが、藤沼都長官が辞表を提出したため、回答は撤回されてしまった。都労連は直ちに嘆願書を要求書に切り替え、松井新任都長官に提出した。六月十三日に改めて回答が提示されたが、都労連はこれを不満として再要求書を提出し、要求が受け入れられない場合は、組合による業務管理を断行する旨通告した。

六月二十日、五千人の大衆をもって交渉にあたったが進展なく、都労連はいよいよ歴史的な業務管理断行を決意し、翌六月二十一日、これに突入した。当時民間においてもわれわれの業務管理に匹敵する生産管理が盛んに行われていた。業務管理にせよ生産管理にせよかくのごとき争議形態は戦前にはほとんど見られなかったものである。

宣　言

飢餓線上を彷徨している全都五万の職雇員が、此の危局を突破し、進んで東京都復興に邁進せんとするための再要求書に対して、都長官は誠意なく、到底吾等の忍び得ざる回答をなした。都当局は此の回答に当たって常

昭和21年、業務管理闘争突入。
(東京都交通局刊行『都電60年の生涯』より)

に財源なきことを唯一の理由としているが、今日の事態は平時に於ける経理の観念を以ってしては絶対解決されざることは言うを俟たざるところである。五万の従業員と二十五万家族が食なく、買うに金なく、換えるに物なき絶体絶命の関頭に立たされている現実の状態を真に理解するならば、問題の解決は極めて明白である。

超非常時には又超非常時的対策によってのみ解決されるのだ。理事者の旧態依然たる封建的官僚の頭の切り換えこそ、その前提条件である。

かかる当局の頑迷にして不誠意なる回答に対しては断固ストライキを以って闘争すべきであるが、都民と進駐軍に対して迷惑をかけることを回避し、進んで建設的方針を採ることこそは、今日の事態に即応したものであることを確信し、来る二十一日より全都一斉に業務管理を断行する。即ち吾々の手によって業務を管理し、都政の民主化を図り、能率の増進、サービスの改善等に都民と共に進まんとするものである。

決　議

吾等は不誠意極まる都理事者の猛省を促すため、明二十一日より全都一斉に業務管理を断行し要求貫徹まで断乎闘争するものである。

右決議する。

この決議は、デモ動員を直ちに都労連従業員大会に切り換えて決議したものである。

都労連中闘委員会は、この決議に基づき指令を発した。生きるがための闘いである。闘って生きるか座して死ぬるか、二者択一の関頭《かんとう》に立って意気いよいよ上がり、全く打って一丸となった。統一と団結は見事であり、闘争史に特筆大書すべき価値を残した。

当時の闘争委員会の構成は、闘争委員長重盛寿治、副委員長占部秀男、原田光雄、常任委員には河野平次、岩間正男、小田原末治、氏田勝恵美、各部に長尾丈吉、加藤千太郎、小俣伸、中山一などなつかしい人々の名が並ぶ。思い出すにつけ世の変遷が感じられてならない。今でも国会議員として活躍している人がいる一方で、労働者のために組織のために幾多の功績を残したが、不幸にもどこかの霊地で永遠に眠りながら後輩の活動を見守っている人も多数いると思うと、感胸に迫るものがある。

この業管闘争に対して内務省を中心に弾圧を加えてくる可能性があると予想していたが、組合側の結束に加え支援団体がその動きを封じ込めた。各友誼団体が次々に業務管理闘争弾圧反対の狼煙《のろし》を上げ、支援のために大活躍した。社会党、共産党が大きな力となり、支援活動に終始したことも、東交史あるいは都労連史に深く刻み込まれている。さらに国会においては加藤勘十氏が社会党を代表し質問に立ち、業管闘争弾圧反対の論陣を張り、闘争は政府に迫る世紀の闘いを呈してきた。

政府と都理事者は、業管闘争は違法なりと叫びつつも、組合の用意周到な戦術の前に手も足も出ず、遂に六月二十九日、大部分の要求を受け入れる旨回答してきた。こうして十日間に亘る業務管理闘争は、勝利のうちに打ち切ることになった。

## 第三十五章　都労連の結成
### ——賃上げなど相次いで勝利

昭和二十一年十一月三十日、都労連は都と労働協約を締結した。都は組合を正式に承認するとともに、ここにユニオンショップ制が確立された。さらに協約に基づき、業務協議会が設置された。協約中第四条には、組合員の賃金その他の給与、労働時間、休日、休暇、採用、解雇、解職その他待遇諸条件の改変については、組合と協議決定の上これを行うとあり、また第五条には、都と組合は未協約の事項は業務協議会を設置して協議するとあり、業務協議会の構成、会議規定は双方協議の上別途定めるとある。

東交は、この労働協約の精神を尊重し、越年資金獲得や飢餓突破資金獲得のごとき臨時的問題は都労連を通じての団体交渉によって、月給制、就業規則、結婚資金等定例の諸問題は業務協議会において活発な交渉戦を展開した。また、業務協議会規定に基づき、交通局と東交の間にも交通局経営協議会が設置され、毎月一回定例会議を開くことになった。

この両協議会を通じて、就業規則の制定、組合専従制の確立、労組法第一条第二項に該当する者の範囲の決定、週休制、月給制の確立、結婚資金制度の新設、職階名変更、都政施行記念日、メーデー等に対する酒肴料の引き上げ、トレーラーバス手当の制定、走行キロ手当、燃料節約手当、完全車手当等々を解決した。

最も画期的であったのは月給制である。ただし請負制のもの、出来高払い制のもの、試傭中のもの、臨時雇傭員、嘱託員は除かれた。画期的なものをもう一つ挙げれば結婚資金制度の新設であった。

このころ都長官には松井氏に代わって安井誠一郎氏が就任した。また交通局長にはすでに二十一年一月二十五日より大須賀平吉氏が就任していた。

安井氏は戦前の十七年九月より十八年六月末日まで交通局長として在籍していたが、いよいよ戦争がたけなわとなるころ、当時の軍部を中心とする勢力によって追放された。書の達者な人で、「動中静」の書を墨痕あざやかに揮毫《きごう》してわれわれに贈呈してくれた。贈られた書は、私の貴重品として蔵し、よき思い出となっている。相互に立場は異なれど、人間味豊かな大人物であった。生存中は年に一回必ずこの日を記念して会食した。交通局協力会を局のため、かつまた今後退職される人々のためにと創設していったのも安井氏である。

交通局長大須賀平吉氏も副知事就任のうわさが高かった大人物で、私の胸にときたま去来する。最高の教育を身につけながら、市電気局の電車華やかなりしころより操車係、線路監督など何でも知っていて、現場に大変明るかった。種々の交渉でも手強い相手で、俗に言うハッタリ談判の効かない人だった。一面ものの言い振りがちょっとこわかった感もあるが、従業員を愛し、かつ部下思いで人情味たっぷりの人物であった。副知事就任のうわさの最中《さなか》に惜しくも胃癌にかかり、生涯を閉じた。三田にあった旧東交会館はこの人の理解によって建設されたものである。その余映は現東交会館にも及んでいる。逝去されたのは二十五年四月末のころだと記憶に深く刻まれている。

業管闘争が終わると、疎開家族を月一回は訪ねるようになった。安中の家族に食べさせようと、大久保車庫前の農場でカボチャづくりに精を出した。サツマイモのつくれない土手を利用してカボチャを這いづくりにし、毎朝の交配も運動を兼ねた楽しみの一つであった。努力のかいあって十個ばかりの収穫があった。本来消費地であったはずの東京で栽培して生産地であるはずの群馬に運ぶとはまさに世はさかさまであった。まさに戦争の落とした逆転劇で、こうした劇が再び演じられることのない社会をみんなで築き上げたいと祈りつつ、農耕部隊の今村幸吉君に休暇を使ってもらい、重い荷物を携えて安中へ同道してもらった。

次男坊将宏は、栄養不足ながら歩くようになっており、隣家との間の道で遊んでいた。もらい水生活を強いられていたため遠慮がちに水を汲み、風呂をたて、久しぶりに子供達を洗ってやった。早く帰京させて生活を共にしなければと思った。三月ごろに来たとき蒔いておいたドジョウインゲンが一坪ばかりの庭の片隅に一本、竿竹にからみつき、幾筋も房のように成り下がっていた。「このインゲン一本でみそ汁の実にずいぶん助かっているのよ」と妻は言う。食うに食なき境にあって、一本のドジョウインゲンに心で手を合わせた。

粘土干し場の庭では五女恵子が近所の子供達とお猿の三番叟《さんばそう》を歌い、はやしながら元気よく遊んでいた。泣いてばかりいた子であったが、元気一杯で安心した。お猿の三番叟《さんばそう》は恵子の持ち歌で、そのせいでデンデコとあだ名されていたので歌詞を紹介しておく。

やんやと囃子《はやし》がデンデコデン
おさるさんの三番叟
ピーピーヒャラリコデンデコデン
デンデコデンデコデンデコデン

畳がなく、古俵に古ござを敷いた仮住まいに、昼の疲れで寝る子供達。借家ながらも身分相応の家があったにもかかわらず戦火に焼け出され、牛馬の寝起きするに等しいこの屋根の下で夜露をしのぐ有様は、哀れを通りすぎて悲惨な思いが胸を刺す。私一人ではない、同胞一億みな同じだと諦めた。

子供が寝しずまれば夫婦の世界。誰に遠慮があろう。久しく会わない男と女。若ければすぐさま抱擁の夢の世界へと導かれるであろうが、年もとり、その上、きのうまでの産めよ増やせよから状況は百八十度逆転している。国は小さくなり、人間は増え、生存に最低限必要な二千四百カロリーの摂取も困難な時代とあっては、国が産児制限を指導するのも已むを得まい。一つの生命を誕生させれば二十年の重荷を背負う結果となる。瞬時の快楽は頼まれもしない生命となって生活難を呼び寄せる。忍耐せよの理性が稲妻のように脳裏にひらめいてくる。といっても私たちは月に一度会えるか否かの夫婦。顔を見て語り合うだけで済むはずがない。一度こじれてしまうと、わだかまりはその場限りでは解消されない。猜疑や憶測から吹き出た嫉妬心は不消化のまま後遺症として残る。俗に言う割り切れないのが男女のしがらみ。それにしても働けば食える、安心して子供を持てる社会を、戦争でこりごりしたわれわれの手で打ち立てたいものだと思うままいつしか意識が間遠になっていった。

早くも一番鶏が屋根の上で時の声を上げた。勤めを持つ身に自由はなく、長逗留は許されない。疎開生活にピリオドを打ち家族を東京へ呼び戻す具体策を練りながら車中の人となった。

# 第三十六章　組合幹部は職場の世話係
## ――三角関係から精神病患者まで

帰京と同時に取り組む仕事は民主的労働組合の育成であった。東交内部にも柳島、目黒、広尾の各支部を根城とする共産主義の触手が伸び、すでに青山、早稲田、新宿電車の各支部はその手に落ちていた。わが大久保電車にも目黒より大森哲夫君がオルグとして転任してきた。支部長選挙は大森、田村の決戦投票となり、食堂での立会演説で闘うはめになった。幸いにして私の一方的勝利に終わり、副支部長には、昭和九年の更改給闘争で活躍した元新宿支部長、志倉朝次郎君が選ばれた。会計には元老とあだ名される片倉純次君が就き、大久保支部はゆるぎなき民主労組の基礎を確立した。

しかし、周囲の支部のほとんどは共産主義系が幹部の大勢を占め、わが支部は孤立する情勢にあった。かろうじて自動車新宿支部で同志山中音次郎君が一票差で勝利したが、渋谷自動車支部は、広尾、青山、目黒支部等の影響をまともに受け、われわれの期待する結果とはならなかった。こうしてわれわれは西部地区の孤塁を守る形となった。

組合の幹部は組合員の世話係も兼ね、病人が出れば入院の手続をし、本人はもちろん組合員の家族の葬儀にも、葬儀委員長もしくは委員として活動していた。そのせいで口の悪い連中は、弔い幹部と陰口をたたいていた。しかし葬儀がそんなにあるわけではなく、共済組合貸付金の申し込みや代理受け取り、健康保険組合の給付申請や受け取り、人事処分に対する抗議交渉など、種々雑多な仕事に追われていた。

しかし、こうした仕事はまだましな方であった。女子車掌採用以来、風紀取り締まりと称する労務係がいたが、お鉢は組合幹部にも回ってきた。同じ職場で、しかも電車、自動車と一つの箱の中に八時間から十時間も一緒にいるのだから、必然的に起こるのが男女の問題である。これに対して当局労働課は、戦争中ほど風紀に力を入れていなかった。もっとも戦前は岡焼《おかや》き的な取り締りも多かったことは前に触れたとおりである。戦前戦後を通じ、正常な結婚にゴールインしたペアもかなりあったが、享楽的なカップルも相当数いた。こうして幹部たる者も、当局との談判、弁護、家庭への波及劇の後始末など、何くれと携わざるを得なかった。

このように従業員のお世話係として数え切れないほど多くの人々のお世話をしてきた。霊柩車にもずいぶんと乗った。私もそう遠くないうちに後を追う身となり、一度は行かねばならない火葬場で身を焦がさなければならないであろう。しかし四百四病のうちせめて楽な、そして他人の世話になるべくならない往生をと、人がみなそう祈っているとおり、私も祈っている。

組合幹部というものは、資本支配者に憎まれ、官憲に追い回され、戦時下においては部会員、健康保険会議員、産報役員、特殊勤務員と次々に職名が変わり、局の管理者には廊下トンビ、従業員からはダラ幹とか弔い幹部と揶揄されたこともある。しかし顧みてこの種の人々の活動があったればこそ家族的繋がりが保たれ、公営企業の運営が円滑化され、交通事業においては都民の足を守ることができたと思う。ことに東交の人間性を重んじた有りようは、互いの団結と統一を育み、栄えある伝統を築き上げてきたのだと、過ぎし昔を高く評価して自らを誇っている。

悲しいにつけ嬉しいにつけ、思い出されるのは家族達。早く呼び寄せ同居しなければ、忙しい自分の任務も遂行されない。組合内部には最低賃金制の制定、越冬資金要求等の問題があり、外部には私鉄総連の結成、さらには都市交通労働組合連合会の結成案などあり、日増しに多忙になってくる。その前に家族を呼び戻さねばと決意し、自動車新宿支部の大関君達に依頼して、秋が深まらないうちにと、二十一年十月末、木炭バスを終日借りきり、家族を迎えに行った。

驚いたことに、妻は月のものがなくなって

戦時中のガソリンの払底から、代用燃料自動車が種々開発されたが、木炭車が全盛を極め、戦後になっても町中を走った。
(『東京都交通局60年史』より)

いた。それ見たことかと自分を叱ったけれど、後の祭で、また一つ責務を負うはめになった。

家財と家族を乗せて、よたよたと木炭バスは一路東京を目指した。サツマイモ畑のわが家に到着すると、子供達の喜びは一通りではなかった。六畳一間でも大工さんが建てた小屋である。玄関には立派なガラス障子がはまっていたし、なにしろ敷地が一万坪もある。その広い広い敷地にぽつりと一軒わが家が建つ。その環境に妻もびっくり。疎開先の小屋と比較したのであろう、喜悦満面、大きくなった腹を抱えて喜んでいた。小児喘息の次男坊も息をはずませて駆け回った。

入浴は一統を引き連れて大久保電車営業所の浴場へ。従業員のじゃまにならぬ時間を選び、妻だけは風呂屋に行った。当時の営業所の風呂は、直流電気のコイルを浴槽に投入して沸かしていた。風呂を使うのは男子だけで、女子従業員にはふろ券を出して公衆浴場に行ってもらっていであった。

畑にはホウレンソウや大根もつくっていたので食料については一安心であったが、問題は住まいであった。六畳一間に六人暮らしはとうてい無理である。それにもう一人増えることも計算に入れなければならない。知恵をしぼった挙句、思いついたのは、交通局が持て余していた焼けたバスのボディーである。只でくれるとのことで、荷馬車引きの塚田義雄さんに頼んで引っぱってきてもらった。因に塚田さんは後に新宿区議会議員になった人である。エンジンがないのが幸いし、六畳の窓に接続し、繋《つな》ぎの部分をまたいで渡れるように修理し、バスの乗降口には便所を設けた。このバス座敷には五畳たたみが敷けた。芯だけしかない畳を調達し、古ござを敷き、こうして立派な二間続きの座敷が完成した。まさに仮設住宅の見本であった。この仮設住宅を見て、われもわれもと交通局にバスをもらいに行く人が増え、遂には品切れの大繁盛となった。交通局の方も焼けたバスが片付いて大喜びの態。窮すれば通ずとはこのことだと、自他ともに感心した。

この新座敷はやがて妻の産室となり、二十二年五月十三日、第六女が産まれた。農耕三人組の梶原、今村、吉田の三君は、薪を割るやら湯を沸かすやら、大恩にあずかった。命名に際し、バスで生まれたのだから、のり子がよかろうということになった。妻に相談すると大いに憤慨し、人の名前を面白半分に付けるものではない、成長した後で恨まれるのがおちですよとのお達し。京子と名付けて届け出を出した。

遠く離れて暮らすのとは違って、推測や憶測もなく、組合活動にも職務にも集中できるようになった。

当時私は、二十一年十一月大会で本部執行委員に選出され、本部中央会計に就任したのだが、これより前、同年夏より労働関係調整法反対の闘争が繰りひろげられ、反動立法阻止の名のもとに、社会、共産、労働組合が歩調を合わせ反対運動を展開していた。宮城前広場では関東地方労働者大会が開催され、全官公労も本法の反動的意図数点を指摘した反対決議を関係当局に手交《しゅこう》した。八月に至り、十九組合二万の反対デモが宮城前に集結した。東交はいずれの闘争にも参加し、活動を続けたが、本法は衆議院を通過し、二十一年十月十三日実施されてしまった。

私が本部執行委員に選出された二十一年十一月大会では、最低賃金制確立を決議し、これを受けて都労連は十二月二十日、都知事に対し、次のごとき要求書を提出した。

要求書

一、生活費を基準とする最低賃金制の確立
二、退職給与金支給規程の改正
三、賃金の全額現金支給
四、勤労所得税の撤廃
五、総合所得税の免税点引き上げ

このときの最低賃金制確立を中心とする生活擁護の要求は、ひとり都労連のみならず、全官公労並びに民間全労働大衆をあげての痛切な要求で、国内の組合の全てがあたかも統一要求を掲げたかの様相を呈していた。悪性インフレ高進のため、生活困窮にあえぐ勤労大衆が一斉に立ち上がって賃上げ要求するのは当然のことであった。エンゲル係数六〇、熱量二千四百カロリーを充足するに足る物資購入に必要な賃金を、複雑な係数をつかって割り出したこの要求は、当時わが国の労働界を風靡した。

特に全官公庁共闘委員会は、二十一年暮れからこの最低賃金制確立を政府に迫っていた。都労連もこれに参加して、共同闘争に立ち上がったわけである。吉田ワンマン首相が二十二年元旦の辞において不逞の輩《やから》と放言したのは、われわれを指したものである。こうした首相の反動的言辞は、全官公二百六十万人の労働者大衆を却って発奮させ、断固たる闘争に立ち上がらせた。二十二年一月十一日皇居前広場において、断固闘うべしの決議がなされ、同月十五日には民間労組も共闘に参加し、全国労働組合共同闘争委員会が結成された。

# 第三十六章　組合幹部は職場の世話係
## ——三角関係から精神病患者まで

東交大会において。本部執行委員、会計時代。

スト決行の日時を二月一日午前零時と宣言した国鉄、全逓を始め各加盟組合は、各々事前の大会を開催し、スト態勢は燎原の火のごとく全国に広がった。

これに伴い、日本共産党の活動は活発化し、あらゆる組合に浸透作戦をとった。局面はさらに重大な段階に立ち至ったが、政府は依然として適切な措置をとらなかった。というより吉田政府の力で解決することは及びもつかぬ情勢になっていたのだ。

都労連もまた、政府に反省を促すべく、一月二十五日、ゼネスト宣言大会を開催し、スト態勢の強化を図った。かくして当初は生活不安から立ち上がった官公労の経済闘争は、政治革命を目標とする一大ゼネストに発展した。

エスカレートしていった背景には共産

党の積極的な指導があった。事態の重大さに驚いた総司令部は、すでに一月二十二日、経済科学局長であったマーカット代将を通じて、二・一ストは総司令部の進駐目的に反することを理由に、全官公庁共闘に対し中止するよう警告的命令を発していた。しかし全官公庁共闘はこの警告を無視し、あくまで既定方針を堅持することにした。一月二十八日、中央労働委員会から調停案が提示されたが、共闘側はこれを拒絶した。政府は閣議を開き、最終回答を作成して提示したが共闘会議はこれも拒絶するに至った。

組合側は、これ以上の交渉は無意味であることを政府に通告すると同時に拡大共闘会議を開催し、交渉決裂の声明書を発表。さらに弾圧に備えて第二、第三の指導部まで編成した。二十九日夜半には「全組合員に訴う」と題するスト決行指令を共闘の名において発した。この事態に総司令部は三十日、組合代表をレイバーセクションに招致した。席上マーカット代将は口頭で、六時間以内に全国の各労働組合に二・一スト中止の命令を出せと強硬なる申し渡しを行った。

右指令に対して態度を決定する拡大共闘委員会を開くに先立ち、東交は都労連と緊急闘争委員会を開催して検討し、次のような態度で臨むことを決定した。

一、マッカーサー元帥の正式命令であることが確認された場合はストを中止する。従って正式命令か否かを緊急調査すること。

二、他方、政府に対しては強力に交渉を続け解決に努力すること。但し、スト決行の二月一日午前零時までに解決をみないときは、自動的にスト突入もやむなしとする。

一方、全官公庁拡大共闘委員会はこの日の午後十一時、運輸省八階大会議室で開催され、伊井共闘議長の発言により、各参加組合の最終的態度を確認した。

都労連は重盛委員長が、前記の二条件を述べてスト中止を主張したが、少数意見で採択されなかった。また、唯一、スト回避を表明していた大蔵三現庁も結局大勢に従い、改めてスト決行を表明し、ここに全共闘傘下一組合の脱落もなく、三十一日午前一時、遂に二・一ゼネスト決行が再確認された。

こうした大会では、なかなか勇気を奮って率直な意見を吐けないものだ。都労連委員長重盛寿治君の勇気ある発言は、きわめて貴重である。群衆心理や雷同主義が災いして、だれしも威勢のよい姿勢を見せたいものだ。こうしてあとで後悔の臍《ほぞ》をかむことが多い。

占領軍当局は当初、日本の旧勢力を排斥し、これに代わる民主勢力を育もうと努めていたわけで、そのために容共方針を打ち出して共産勢力を利用していたに過ぎなかった。速成的に民主化を達成するためには共産系の操縦が必要で、むしろ堅実な労働組合は敬遠されていた。共産主義者が指導する産別会議が、総司令部によって強く支持されていたことは明白な事実である。日本の共産系の諸君は、アメリカに利用された踊り子であったと思われる。

かつて獄中にあった共産主義者が終戦とともに出獄し、日本共産党再建に着手したとき発表した声明書「人民に訴う」の中には、占領軍に感謝し、忠誠を誓い、責任を全うすることが表明されている。また、日本共産党書記長であった徳田球一氏も、当時、占領軍はわれわれの敵ではない、のみならず民主主義革命の有力な味方であり、われわれにとってまさに解放軍そのものであると述べている。そのころは総司令部の中にも一群の共産主義の理解者、同情者がいたことも紛れもない事実と言えよう。彼等の好意をバックに、解放された日本の共産主義者達は、労働大衆に向かって活発な宣伝と組織活動を行った。こうしてにわかに勃興した労働組合の中に侵入し、当時最大の組織であった産別会議の指導権を掌中に収めた。二十一年十月攻勢から二・一スト計画までの活動こそ、共産党とその外部組織、産別会議の指導力のたくましさを遺憾なく発揮した期間であった。

一方、世界革命を目指すソ連は、アメリカの日本民主化政策に便乗しつつ、密かにソ連的民主主義の方向に軌道修正させようと画策していた。しかし間もなく米ソの関係が悪化し、冷戦時代が訪れると、アメリカ占領軍に解放されたはずの共産主義者達は、ソ連の指導の下、労働大衆に対して反米感情を植え付ける役割を担うようになる。こうした背景を察した総司令部は、二・一スト計画の背後にある革命性に胆《きも》をつぶし、このストをあくまで抑圧する方針を採り、にわかに労働政策全体を見直すことに至った。

# 第三十七章　二・一ゼネスト決行と鎮圧

一月三十一日午前八時ごろ、共闘の伊井弥四郎議長を初め首脳部数名は、総司令部に招致され、マッカーサー元帥からスト中止命令の伝達を指令された。この指令を受け遂に伊井議長は同夜九時十五分、ラジオを通じて声涙ともに下る、次のごとき声明を発した。

私は全官公共同闘争委員会の議長伊井弥四郎であります。このたびの争議に関し、今日マッカーサー連合国軍最高司令官は二月一日のゼネラル・ストライキを禁止されました。その原因について、詳しくは別にラジオまたは新聞で諒解していただくことにします。もう一度申し上げます。今日マッカーサー連合国軍最高司令官より、二月一日ゼネストを禁止されました。このラジオ放送によって明日のゼネストは極力防止するよう各組合では万全の努力を尽くしてください。マッカーサー連合国軍最高司令官の絶対命令とあれば遺憾ながら、中止せざるを得ません。敗戦後の日本は連合国より多数の物資的援助を受けていることは、日本の労働者も感謝し敬服しています。今日の命令内容の一部分には諒解に苦しむ点もありますが、命令では遺憾ながら已むを得ません。この命令が今の争議に関して労働者に不利になることを残念に思いますが、日本政府もただ今からでも直ぐわれわれと再び交渉を開始して、もっと真剣に誠意をもって我々の要求を容れられ、円満な交渉によって解決すべきだと思います。ゼネストを中止された今、日本政府がこれ以上我々の切実な要求を、もし容れないようなことがあれば、どうなることでしょうか。私はそれが気になります。われわれの要求は官吏、教員だけでなく、すべての国民的要求であります。私は特に六、七百万人に及ぶ失業者、それから復員者、戦災者たちのことを思うと、日本の政治経済が根本的に変えられるべきだと信じています。すべての国民生活や国家経済が安定し、特に労働者、農民の働く大衆の生活が保障され、そして生活が向上し、一日も早く祖国日本の再建と民主主義の徹底化が達成されることを期待いたします。

私は今、マッカーサー連合国軍最高司令官の命により、ラジオをもって親愛なる全国の官吏、

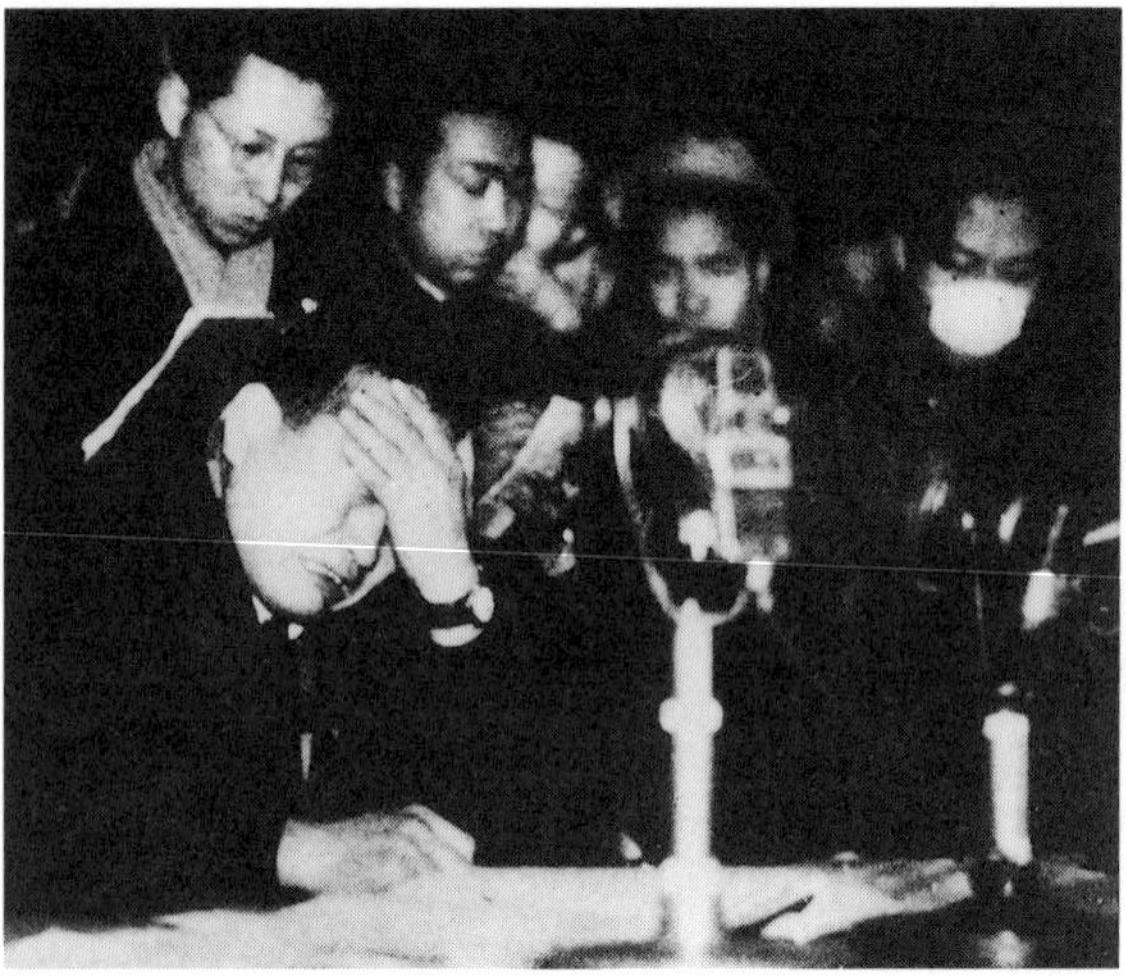

「二・一ゼネスト」中止に拡大共闘委で無念の涙を流す長谷共闘事務局長。
（毎日新聞社刊行『1億人の昭和史』より）

公吏、教員の皆様に明日のゼネスト中止をお伝えしますが、さらに、断腸の思いで組合員諸君に語ることを御諒解願います。

この伊井放送は、日本共産党が目指していた革命の機会が失われたことを意味し、と同時に、もしこの二・一ストが成功していたならば、日本の歴史はまったく異なっていただろうと思うにつけ、極めて注目すべき一瞬であったと言える。

二・一スト中止直後、東交は戦術委員会を開き、新局面に対応する闘争方針を決め、局面打開を図った。

# 第三十八章　二・一ストにおける共産党の活動

日本の民主化のために連合軍に解放されたはずの共産系の諸君には、わが組織内においても、思い上がりからか単に有頂天になっているだけなのか、われに与せざる者は労働者にあらずという排他的観念の人が多かった。もっとも当時は共産主義を標榜しているものの戦前の天皇制の反動から、訳も分からずに共産主義を唱えている共産党員もいる一方、共産主義者にして共産党員にあらざる人達もいた。まさに混迷期であった。彼等は東交執行部などは常にダラ幹と呼んでいて、色分けしていた。ダラ幹の本部など頼むに足らずとみて、支部に対して執拗な波状攻撃をかけ、本部員を罵倒し、組織拡大に奔走していた。わが大久保支部にも八人ばかり容共者が誕生した。

そのころ電車部は、車内での切符発売廃止をとなえて、本局と交渉していた。当時の電車課長は後の交通局長人見捨蔵氏、係長は瀬口琢氏であった。

交渉のテーブルには共産党の斎藤為雄君と橋本三郎君がいた。斎藤君は、敗戦帽子と改名されていた戦闘帽にとさかのようにピンと筋を入れ、テーブルの上にあぐらをかいて、人見課長と瀬口係長を見下し、まるで凱旋将軍さながらに二人をどなりつけている。隣にいる青山支部長の橋本君も尊大な面構えで相槌を打っている。敗戦という未曾有《みぞう》の事態に陥ったとはいえ、祖国が共産党の天下になったわけではない。この行き過ぎた態度は見苦しかった。まさに虎の威を借る狐を彷彿とさせた。

私はその場でも二人に注意したが、交渉不調で部屋を出てからも、橋本三郎君ら諸君を諭《さと》した。電車部が決定し突きつけた要求ではあるが、相手は管理者である。このような重要な問題を、組合大会で決定するようにそうだそうだと安易に承諾はできはしない。局長と相談して回答するというのは当然であり、その答えは交渉前からわかっていたことではないか。粘り強く交渉して拒絶されたら、東交本部の機関にかけ、一万大衆の先頭に立って闘争もしよう。しかし管理者には管理者の立場があり、即答できない問題もある。後日を約して別れるのも人の道だ。

私は武士道は嫌いだが、一つだけ好きな武士道がある。昔話だが、八幡太郎源義家は奥州征伐を命ぜられ、北国の武将安倍頼時をほろぼしたことがある。頼時の長男安倍貞任と弟の宗任は、心を合わせ父の仇を報じ、かつ支配権を奪還せんと志し、ひそかに宮庭へ忍び入ったが、義家に見破られ、やむなくその場で雌雄を決せんと太刀に手をかけ挑みかかった。義家は、「汝獅子王の勇気あるとも、八万の敵を受け一人《いちにん》の力に及ばんや。命存《ながら》え時節を待って戦場の勝負を何故せぬぞ」と諭《さと》し、これを放った。この雅量は武士道に留まらず、それ以外の世界でもあってしかるべきだと思う。

今は、労使の間でも相手の立場をある程度理解した上で交渉談判すべきだと思う。ことに公的機関を運営する労使のあいだには必要なことだと諭《さと》したが、彼等はせせら笑って、何を言ってやがるんだと一瞥しただけで帰って行った。この人達が斎藤君を押し立て、清濁併せ呑むと言われた重盛寿治君と委員長を争ったのかと、委員長選出をめぐる劇的場面を思い起こしてしばし感慨無量であった。政党も労組も大衆の代表を選出しているが、選ぶ人も選ばれる人も、まず自らの人格を陶冶《とうや》し人間性を重んじるべきである。

その後彼等は青年行動隊を指揮して数寄屋橋本部に押しかけ、宣伝部長として、執行委員として私が演説しても、ナンセンスナンセンスを連発してやじっていた。私ばかりではない、三輪支部長柳田執行委員が本部員の立場から発言すると、当時社会を賑《にぎ》わせた新興宗教の本尊爾光尊《じこうそん》に似ていたせいか、爾光尊《じこうそん》が何か言うそうだと揶揄しながらあざ笑っていた。

中央委員会が開かれたある日、タラフク食わせろのプラカードを中天高く掲げながら青年行動隊を引き連れてきた彼等は、例の合言葉、本部ダラ幹を連呼し、事と次第によっては暴力も辞さない勢いで乗り込んで来た。当時の執行委員は二十三名。そのうち共産党員は牧野松太郎君を初め六人いた。この六人以外の執行委員は全部ダラ幹だと烙印を押されていたことは言うまでもない。このダラ幹あるがゆえに大衆はタラフク食えないのだというのが彼等の御託宣だ。これを聞いて腹の虫が治まらず、私は発言を求め、その六人に質問を浴びせた。「諸君はタラフク食わせろと言うが、戦争に敗れ領土が狭くなり、取れる米が少なくなっているのに人間は増えているのだ。これでタラフク食えるようなら戦争はちょくちょく行って、ちょくちょく負ける方がよい。こんな状況でもタラフク食えるはずだと言うなら、諸君は何ゆえ戦争に反対したのか」と、明確な答弁を求めて逆襲した。河野平次や飯塚愛之助を初め、執行委員の大勢がそうだそうだと声をそろえ、まさにそのとおりと激励してくれた。

その翌日、彼等は、広尾、目黒から青年行動隊を動員して大久保支部に押しかけてきたという。お前達の支部長田村徳次は、昨日《きのう》の中央委員会でこれこれの反動的言辞を弄したと掲載した赤旗を振りかざし、ビラを撒き散らしながら、ダラ幹、反動とののしって帰ったと、留守を預かっていた支部幹部から聞いた。

# 第三十九章　副支部長、志倉朝次郎氏の死

前新宿支部長志倉朝次郎氏は、昭和九年九月、世界にもその類例を見ない全員解雇、給料半減、即日再雇用という、前代未聞のいわゆる更改給闘争で活躍した人であった。以前述べたように志倉氏は、終戦前に家を焼かれ、家族は群馬県群馬郡の烏川のほとりに疎開中で、ひとり中野区前原町三番地の高等学校前の焼け跡に掘っ立て小屋を建て、床も畳もないままトタン板を敷いて起居していた。副支部長に就任する前から栄養失調と冷えのため、日増しにやせ衰えていくのを見かねて、大久保庁舎に引っ越すように何回となく勧めたが、意に介さなかった。住めば都で、住み慣れてしまうとその土地を離れがたくなる。思い起こせばかく言うこの私も、不幸の連続を強いられた懐かしい中野相生町十三番地をその後もよく訪れたものだ。

食糧事情が逼迫していたことはだれしも同じだが、満足な夜具もなく大地にトタン板一枚の上に寝ていたのでは、健康な人でも病気になる。やがて悪い結果が到来することは目に見えていた。首が細くなり、片手で握れてしまうほどになっていた。起居も不自由になってしまい、青山病院に入院させた。たまたま見舞いに行くと、少し気が遠くなったとつぶやき、死を予告しているようであった。私と同年輩であるが、組合活動では大先輩である。何とかして助けたい一心であっ

たが、遂に再起の祈りに応えず、五十歳を越えずに逝去した。栄養物はおろかお粥もままならない最悪の時代で、医師も投薬がなく、見殺しにせざるを得ない状況であった。

東交大久保支部葬として幡ヶ谷火葬場へ。運命、宿命と言ってしまえばそれまでだが、荒れ果てた時代には、人間の最期も平時の動物の死にも劣る。お棺は俗にセップタという木の皮のついたままの板をぶつけた粗末なもので、収められた遺体が隙間から見える。火葬場も荒れ果て設備不十分。遺骸を焼く燃料も制限され、一度に何体も焼こうとしたのか、幾つもの棺が並べられ、鬼気迫るものであった。

志倉朝次郎氏

志倉氏はかつての闘将であり、功労者である。階級意識は一段と高く、粘り強い闘士であった。彼の生前がときたま胸に去来し、愛別離苦に沈むことが今日でもある。功に対し報ずる何ものもなし得ず、しかも最期の尊厳もなき仏事に終わったことを深くおわびする。

# 第四十章　新憲法公布と片山内閣の誕生

新憲法制定後、各政党、労働組合、民主団体は一斉に選挙の準備態勢に突入した。二・一ストまでは政局収拾のため連立政権工作を行っていた社会党は、かかる工作は邪道であるとする党内左派の主唱により、平野力三氏らの右派幹部が突き上げられ、連立工作が打ち切られ、純野党として総選挙に臨むことになった。一方、共産党もまた、この選挙を積極的に闘うべく社会党に共同闘争を申し入れたが、社会党はゼネストを経済復興のかぎだとする共産党の主張に賛成できないとして、共闘の申出を拒絶した。

こうした情勢の下、昭和二十二年四月二十日、新憲法下最初の参議院選挙が行われ、次いで二十五日、衆議院選挙が行われた。その結果、社会党は衆議院において百四十三名の議席を獲得し、一躍第一党に躍り出た。得票数は七百十七万五千九百三十九票、実に二六・三％の得票を獲得した。共産党四名、自由党百三十一名、民主党百二十一名、国協党二十九名、その他諸派三十八名で合計四百六十六名の議席が決まった。

東交もこの選挙に組合員から候補者を擁立し、選挙応援資金として一人五円を徴収し、積極的な闘いを展開した。社会党から、衆議院では島上善五郎氏が当選したが、参議院に出馬した重盛寿治氏は惜敗した。相前後《あい》して行われた地方選挙では、都議会では渋谷区から北田一郎氏、足立区からは加藤千太郎氏を当選させた。区議会議員選挙では、豊島区関口計雄氏、港区佐野進氏、荒川区若生軍治氏、渋谷区池田六吉氏が勝利を収めた。共産党から東交をバックに区議会に当選したのは板橋区の丸山三之助氏であった。

第一党となった社会党は政局のイニシアティブを握った。しかし議席の数から見てとうてい単独内閣を樹立することは困難であったので、連立内閣を組むべく、自由、民主、国協の各党に政策協定を持ちかけた。このうち自由党は社会党左派の切り捨てを要求し社会党がこれを拒絶したために連立に加わらず、結局、社会、民主、国協の三党で連立政権を組み、社会党の片山哲氏を首班とする片山内閣が成立した。閣僚の割り当ては社会七、民主七、国協二の割合であった。

こうして片山内閣は、早々、各界代表八十八名を招き、次のような新生活運動要綱を発表し、官民の協力を要請した。

一、勤労意欲の高揚
二、友愛協力の発揮
三、自立精神の養成
四、社会主義の実現
五、合理的、民主的な生活慣習の確立
六、美術、宗教、スポーツの重視

## 七、平和運動の推進

次いで片山内閣は、生産復興とインフレ対策を重視した経済白書を発表し、危機突破のために国民に協力を呼びかけた。その白書の中に、昭和十一年の価格水準の六十五倍を限度とした価格の安定帯を設定し、基礎的物資の供給価格がこれを上回る場合は、価格調整補助金によって価格を安定帯の限度内まで引き下げるという新物価体系を盛り込んだ。これによって工業平均賃金は千八百円に決定し、暫定業種別平均賃金として船舶製造業の二千四百四十一円から製糸業千四百二十四円に至るまで三十五種の賃金が発表された。これは賃金と物価を連動して決定しようとする新方式であった。

また、生産復興計画に合わせて石炭の国家管理を実施した。さらに、終戦直後連合軍によって解体を指令された財閥に、再び過度の経済力を集中させないように、私的独占や不当取引を制限し、不公正な競争を禁

戦後2回目の総選挙で社会党が初の第一党に。右から2人目が片山哲。（毎日新聞社刊行『1億人の昭和史』より）

止する法律として独占禁止法を二十二年四月十四日、公布した。

次いで独占禁止法の地ならしとして、かつて、特に戦時中極度に集中された経済力を分割し、民主的な国民経済再建の基礎となる過度経済力集中排除法を同年十二月十八日公布した。こうして翌二十三年二月には特殊会社整理委員会が、鉱工業部門における第一次指定として二百五十七社の集中排除を断行した。

これら一連の強硬策は、保守党との連立内閣であったとはいえ、無産党首班なればこそ成しえることであった。その結果、資本家陣営には大きな打撃と混乱を与え、労働者側には拍手をもって迎えられた。しかし、連立内閣では、あらゆる点に思い切った社会主義的政策を断行できないうらみがあった。社会党が特に重要視していた炭鉱国家管理案は、民主党の修正案で骨抜きとなった。そして平野力三農相の追放問題をめぐって次第に内紛が表面化し、加えて社会党左派の五月会が主張する党の自主性確立要求、鉄道運賃並びに通信料金の値上げ反対をめぐって意見が対立し、遂に二十三年二月十日、総辞職した。成立後わずか八カ月の短命内閣であった。

事態にあわてた予算委員長鈴木茂三郎氏は、片山首相を訪れ、何も総辞職までする事はないじゃないかと言ってはみたが、片山氏は、貴下は予算委員長でありながら協力しようとしなかったではないかと言い放った。加えて、今この内閣が倒れたら社会主義政権が再び誕生することはないと言い添え、結局、会談を拒否してしまった。このときの記録を資料に、一九七八年に片山内閣崩壊の経緯《いきさつ》がテレビ放映されたことがある。

因にあの内閣を左派が支援し存続させていたならばどうなっていたか想像したくなる。社会主義社会を建設するため、社会主義政権を永遠に存続させるために、小異を捨てて大同につく大雅量を左派の諸君は持てなかったのだろうか。もったいなくも、せっかくの芽生えを自らの手で摘んでしまう結果を招いた。戦後三十年、片山氏の言うとおり社会主義政権はその後噂《うわさ》にも上《のぼ》っていない。この片山内閣は、農地改革という神武以来の大改革を断行し、不在地主の不労所得を禁止し、小作人保護に努めたことで、当然のごとく戦後の国民から礼讃を受けた。しかし不在地主にもピンからキリまである。私のようにわずか百五十坪の敷地を、土地も屋敷もあり余るほど所有している本家に預けて耕作させていたおかげで、不在地主にされ、金七百円で買い上げられ、本家の所有地にされてしまった例もある。農地法の精神はこうしたものではなく、小作人から搾りとっていた大中の地主の征伐にあったはずだ。法の運用とはとかくうまくいかないものである。

片山内閣の後、登場したのは芦田内閣であった。芦田首班に当初反対していた社会党左派も折れ、社会八、民主七、国協二の割合に閣僚を割り振って三月十日、成立した。

顧みて、昭和二十二年という年は、社会主義政党首班による内閣が初めて誕生したが、社会主義政策を十分に実施することはできなかった。饅頭という体裁は整ったものの、甘いはずの中味は塩あんであったというわけだ。それでも新しい時代を迎える礎石の幾つかが据えられ、不要無用の長物は廃止された。すなわち、労働省が新たに設置され、初代大臣に米窪満亮氏が就任し、国家公務員法や失業保険法が公布された。特別調達庁という、占領下にあることを象徴する役所も創設された。その一方で、内務省が解体され、十一の宮家が皇族から離籍させられた。何かとニュースの多い年であり、この年はキャスリン台風が猛威を振るい、大きな災害をもたらした。労働界にあっては、都市交通労働組合連合会や全日本交通運輸労働組合協議会などが次々に結成され、労働階級の喜ぶ記念的ことどもが華やかに咲き誇った。

# 第四十一章　東交会館建設委員長となる
## ――単組労働会館第一号建設に奔走

年改まった昭和二十三年（一九四八年）は、公務員給与ベース二千九百二十円実施の年であった。

昭和二十一年から審理が続いていた極東国際軍事裁判ではこの年、東条英機、広田弘毅、板垣征四郎など七名に対して絞首刑が言い渡された。これら戦争挑発者、平和の破壊者、人類の敵の罪は万死に値するが、一死に終わった。裁かれる運命を余儀なくされながら、思惑を秘めたアメリカの配慮によって起訴を免れたのは裕仁天皇であった。

八カ月の短命に終わった片山内閣の後を受けた芦田内閣も、同年十月七日、昭電疑獄という忌まわしい事件によって崩壊の運命をたどった。いつの世も、口先だけでは信用できないのが政治の座に坐っている人達である。今後とも彼等が浜の真砂《まさご》の類《たぐい》であることは想像に難《かた》くない。

倒れた後には立ち上がるやつが待っている。理の当然と、吉田ワンマン内閣が誕生した。政府所管関係では、法務庁、海上保安庁もこの年に設置され発足している。政党関係では、社会党の内部抗争が爆発し、全農派十六名の有力者が離党し、マスコミを賑《にぎ》わせた。労働界では、強大な力を持っていた産別会議に民主化同盟が結成され、やがて全国労働会議誕生の礎《いしずえ》となっていく。

そのころ東交は都労連傘下の実力組合として、三千百九十一円ベース闘争をストをもって闘っていた。その闘いの後、都労連第三回大会が京橋公会堂で開かれたが、この大会は来るべき十一月の東交第四回定期大会の前哨戦の観を呈していた。東交組織内の電車、自動車、技術、事務の四部間で、執行委員長を始め、役員の割り振り抗争が始まっていたからだ。

四部門のうち電車部は約六千人と最大の従業員を擁し、交通局の代名詞的存在であった。そのため委員長は電車部からという不文律が、暗黙裏に継承されていた。従って、河野平次のような、有能にして実行力がある東交になくてはならぬ指導者も、当時工作部と称した技術部に属していたためになかなか委員長の席には着けなかった。加えて電車部には島上善五郎氏という東交草分けの人物がいる。幾多の職場に浸透していて、多くの信奉者がいた。私もまた委員長は電車部からと主張する一人であったが、河野平次氏のこれまでの努力と功績、さらにその能力を評価して、一度は委員長のポストへ押し上げたかった。どの部の出身だからといった狭い了見ではなく、オール東交の最高指導者、責任者を選出するのだとの気持ちが強かった。

この年の十一月大会は中央労働会館で開かれ、結局、電車部三田支部長岡本丑太郎君が委員長に選出された。この大会で、電車部早稲田支部長村越喜市君ら共産系の諸君が問題として俎上《そじょう》に上げたのは会計問題であった。当時の会計は、電車部大久保支部長であったこの私と自動車部江東支部長国沢喜之松君であった。

事の起こりは、国沢会計が健康上の理由からか数寄屋橋の本部にしばらく姿を見せなかったことにあったようだ。議長命により、私が答弁に立ち説明したが、自動車部大塚支部長で後に東交

## 第四十一章　東交会館建設委員長となる
### ――単組労働会館第一号建設に奔走

執行委員長になった萩原信治氏と重盛寿治氏に要らぬ心労をかけたことは今でも忘れない。結局、帳簿、現金とも明白であったので事なきを得た。あれは雨の降る寒い夜であった。

この大会で画期的だったのは東交会館の着工決定であった。満場拍手の渦の中、可決された。しかもその後の新執行委員会で、中央会計兼任のまま建設委員長に選ばれたのはこの私であった。喜色満面、喜び一入《ひとしお》であった。委員は、いずれをとっても錚々《そうそう》たる闘士の粒ぞろい、合計十二人で委員会を構成した。

東交は、戦前から会館建設の意欲に燃えていた。火災見舞金を資金源の中心に据えた相互扶助会を発足させ、その剰余金を会館建設資金にしようとしたが、組合解散を余儀なくされ、その名案も画餅に帰していた。戦後になり東交が再建されると再びその夢の実現を期したのもしごくもっともなことである。しかし喜びに浸っているわけにはいかない。私の責務は重大である。しかも十二人中半数の委員は歴とした共産主義の人達である。反共的存在の私を監視しているかのような気がして気が安まらなかった。万が一間違いでもあれば針小棒大な宣伝に利用され、東交浮沈にかかわることになるやもしれぬ。さらには民主労働組合の指導に邁進する同志諸君の消長にまで発展することもある。注意しなければ、気をつけなければの注意信号が四六時中脳裏を駆け巡っていた。とにかく私は悲壮な決意で事に当たった。本部会計と建設特別会計を背負って長い坂道を登るのは、重労働で骨身にこたえた。組合運動も様々であったが、このときほど緊張の連続を強いられたことは、それまでなかった。

交通局の南口、東電の横に局の土地があり、初めは当局と共同で建設する予定であったが、労働法改正に伴う組合資格取得の問題がからみ、結局、独自に建設することになった。いずれにせよ、土地と資金と両方の問題に早急に取り組まねばならなかった。早速委員会を開き、建設地を三田電車営業車庫連地に決定し、この土地を借り入れるために委員諸君と共に交通局経理部長石川氏を訪れた。しかしどうしたことか、不可解にも石川部長は一巻の青写真を広げると、東交会館建設の説明を始めるではないか。驚いたのは私ばかりではなかった。即座に私は、「会館建設委員長はこの私だ。ふざけるのにも程がある。これまで部長に建設の斡旋を頼んだ覚えはない。今日来たのは敷地借り入れのためで、青写真を見に来たのではない」と言って憤然として開き直った。このときばかりは共産系の諸君からも、さすがは田村君だとお褒《ほ》めに与《あずか》った。青写真は熊谷組が作成したもので、おそらくは石川部長と熊谷組との間で良からぬ密約でもあったのであろう。いつの世にも、いかなる社会にも、またいかなる階級にも、自欲のために彷徨する徒輩がいるものだ。

戦後になって労働組合運動が盛んになると、組合会館建設の動きがあちこちで垣間見られるようになった。そんな状況下、建設業界も利害得失をよそにして、名誉、宣伝のために工事を請け負おうとしたことも事実である。石川部長と熊谷組の間に何があったのかは未だに不明であるが、石川氏は後に交通局汚職に連座し、一時小菅刑務所に留置されたことからすると、何かあったと疑われても仕方がない道筋を歩んでいる。

青写真の一件は別として、借地交渉の結果、三田四国町十八番地、日本電気の隣地、三田都電車庫の一角を借り受け、建設することに決定した。建設資金はあくまで組合員の拠出を前提とし、昭和二十四年二月七日、中央委員会で組合員一人百円の拠出金を決定し、いよいよ建設に取りかかることになった。当時の組合員総数は一万二百人であったので、会館建設特別会計の資金は百二万円である。まず設計については金子平治委員の提案を受け、交通局営繕係に青写真を依頼したが、こちらが望むような大衆に馴染みやすい建築設計は無理だと断られてしまった。こうなると設計を誰に頼むのかをめぐって様々な意見が飛び交い、収拾がつかず、気の短い私は耐えられなくなって爆発し、委員長返上宣言までしたが、萩原信治委員に慰留された。返上宣言を撤回し、世紀の仕事としてねばり強く取り組むべきだとする萩原氏の激励に、自らの短慮を恥じ、苦難を越えて完成へと再び意欲に燃えた。年下の萩原氏に諌められたとは、まさに三つ子に背負われて浅瀬を渡るが如しであった。後に執行委員長の座に着いた萩原氏は、栴檀《せんだん》は双葉より芳《かんば》しで、当時から器量人であった。

結局、建築コンクールで第二位を獲得した台東区の井上工業株式会社東京支社が最有力候補になった。本社は群馬県高崎市八島町にあり、群馬、埼玉の官公庁関係の建築の七〇%を請け負う評判の会社であった。設計は依頼後数日で完成し、青写真を見た委員全員が満足の意を表した。念のため他にも二、三設計を依頼しておいたが、井上工業とは比較にならなかった。設計に基づいて見積りを取り、仕様書等といっしょに交通局営繕係にチェックしてもらった。こうして井上工業に建設費九百九十万円で請け負ってもらうべく、中央委員会に提案した。満場一致、拍手のうちに承認された。

誰しも信用されればされるほど、責任感が強くなる。それに、都内の単組労働会館第一号とな

## 第四十一章　東交会館建設委員長となる
## ――単組労働会館第一号建設に奔走

建築中の東交会館前で。左から右へ、村越喜市、小生、重盛寿治、岡本丑太郎の各氏。

るため、他の労働諸団体から羨望されるような建築物にしたいと意欲も湧いていた。

まず、井上工業の今までの業績を視察する必要ありとする委員会の意見に呼応して、彼等が建てた群馬、埼玉の中学校や教会、そして高崎の観音様まで具《つぶさ》に視察した。井上工業側は、出血的見積りだが、名誉にかけていいものを建設するとして、工事監督に同社の労組委員長高橋氏を任命した。私は高橋氏を呼んで、「この会館建設には組合幹部として命をかけているのだ。木造建築の寿命を仮に二十年として、その間組合員はもちろん、他の業者から欠陥を指摘されるようなことがあれば、おれも腹を切るから、君も切れ」と言って、宣誓《せんせい》させた。一方、重盛都労連委員長が建築工事に詳しいと聞き、組合側監督を彼に委任した。さらに、金子委員の進言で、交通局営繕係に職務の暇をみて見回ってもらうことにした。こうして地鎮祭《じちんさい》が挙行されたのは昭和二十四年五月二日であった。延約三百坪余（約千平米）、総工費は一千万円に増額され、着工された。

当時は資材が思うに任せぬ時代ゆえ、調達には苦労があった。それでも工事の進行は順調で、七月十五日上棟式となった。ラワン材のような輸入木材がなく、二十八尺（約八・五メートル）に及ぶ梁は群馬県赤城山から送られてきた。上棟式では、重盛工事監督始め当局営繕係の諸君の間でも、資材不足の折にもかかわらず、立派なものだと称讃の言葉が交わされていた。振り返って、委員諸君の努力に報いる慰労もできなかったことが、今なお心残りである。

井上工業の業績視察の折、前橋の旅館に一泊した。華やかな建設業界ゆえ、大いにサービスに努めようとしたらしく、四、五名の芸者衆を呼んでくれていた。平素はむずかしい闘士達も目尻がだんだん下がっていく。しかし、後でつけが回ってくるのではまずいと判断し、二時間ほどで芸者衆には引き取ってもらった。少々追っ払うのが早すぎたようで、翌朝不満をやんわりと訴えられた。田村という男は正直の上に馬と鹿が乗っているというわけだ。このときばかりはこの辺の塩梅《あんばい》とはむずかしいものだと後悔した。

# 第四十二章　さまざまな意見にとうとう大失言

この会館は木造二階建ての洋式の建物であったが、二階には日本間を二間造らなければならなかった。

問題の一件はホールのステージである。文化部は委員会を開いて、決議した要求を建設委員会に突きつけてきた。今後文化活動の一環として小劇を催すことがあり、設計されたステージでは低すぎるから五寸（約十五センチ）ほど底上げしろと言うのである。早速業者を呼んで検討を命じたが、業者いわく、設計よりステージを高くすると、スローガンなどの垂れ幕を短くしなければならず、労働会館としての機能が減殺されてしまう。間口と奥行きの均衡のとれた設計に腐心したはずで、是非設計通りで御了解いただきたいと嘆願の態で、私もしごくもっともだと頷いたが、文化部は頑として了承しなかった。業者はしぶしぶ設計を変更したが、完成後使用してみると、ステージが高いため議長が二階から見下ろしているような具合となり、結局、議長もステージを降りて会議を司るような結果となり、それ見たことかと、腹が立ってならなかった。専門家はあらゆる角度から検討しているのだ。餅は餅屋である。こういうことは他にも当てはまることで、いい教訓であった。

いずれにせよ工事を急いでもらわなければならず、遅くとも秋の年次大会が開かれる十一月までには完成にこぎつけなければならない。各執行委員からも念を押され、副委員長の河野平次氏からも委員会のたびごとに鞭撻を受けた。七月十五日の上棟式以来、建設関係の監督官庁を駆けめぐらなければならず、楽なことではなかった。その上、委員会外の世話焼きから因縁がましい難癖をつけられたり、酒の肴にされたりで、会計上の苦労ばかりではなかった。しかし幸いにして事故もなく、十一月十八日に落成式挙行の運びとなった。一番乗りしたのは書記局で、落成式の用意や二十日と二十一日両日に亘って開かれる二十四年度大会の準備におおわらわであった。招待者は、労組関係、都庁関係、国の関係等、その範囲は広かった。委員長の岡本丑太郎氏からは感謝状と金一封が委員会に贈られたが、委員十二名に振る舞うほどの金額ではなく、打ち上げも各々《おのおの》自腹を切らざるを得なかったが、委員諸君一同に不平不満はなく、お互いに労苦を慰め合った。落成式が済むと、年次大会だ。第五回大会のために、ホールには三百人分のイスが取り付けられ、遠距離客の宿泊用の布団、什器など備品類の調達にも奔走した。物資欠乏時代で取りそろえるのも並大抵ではなかった。

大会の当日、私は中央会計としての報告と会館建設の経緯並びに会館建設特別会計の報告をダブルで行った。

書くことは背中をかくのも嫌いな私であったが、金釘流の原稿を書いてはむしり、むしっては書き、つじつまの合う報告書をやっとこしらえて、発表した。発表が終わると、今度は質問が始まる。その中に、自動車部洲崎支部長住田君から、質問というより揶揄《やゆ》的批判演説があった。

蜘蛛は教わりも習いもせずにあの立派な巣を掛ける。それに比べて、この会館には計画性がないと第一声で罵ったから血が逆流した。短気は損気と自制しながらも、褒められるはずだとの先入観が禍し、自制心は吹き飛び、よせばいいのに議長に発言を求め、憤然と答弁に立った。

前口上がまずかった。「そういうことを言うのであれば言って聞かせなければならない」と切り出してしまった。「本館建設については種々の経緯がある。数寄屋橋の旧本部は、当局経理から二十四年七月末日までに明け渡してくれと迫られていて、その立ち退き条件として延べ七十二坪の東交会館建設案を提示された。しかしこの建設案は、所有権は交通局、占有権は東京都交通労働組合とするというものであった。これには組合が同意できず、新たに、当局と出資を分け合い共同で建設する案が浮上したが、これも労働法が改正されたため組合資格取得に影響が出る恐れのあることが分かり、この出資比率による建設は取り止めとなった。そこで組合自ら建物を建て、土地は借地にしようとしたのである。組合は、共済組合跡地に目を付け当局と交渉したが、同地が甲種防火地帯に指定されているため木造建築では許可が下りないことが判明し、ここ三田都電車庫の一角を借り受け自前で建設することに落ち着いたのだ」と事の経緯を報告した。問題になったのは答弁の内容ではなく、開口一番の〝言って聞かせる〟という表現であった。民主労働組合の執行部の発言としてよろしきを得ないというわけだ。自分でも言った瞬間あっと思ったが、外へ飛び出した言葉は引っ込めようがなかった。住田君自身より他の代議員諸君の眼が一斉に私をにらみすえ、まずかったと後悔したが、後の祭であった。

その日はそれなりに終わったが、終わらないのは私の胸のうちと代議員諸君の感情であった。翌日、大会が再開されると直ちに岡本議長に発言を求め、昨日の住田代議員に対する答弁中、本部執行委員として不穏当な部分があったとしてその部分の削除を求め、合わせて陳謝しますと言って、下げても大して損にもならぬ頭を深々と下げた。今日まであまり謝ったりお世辞を言ったりすることのない私であったが、このときばかりは仕様模様はなかった。素直に陳謝してみると気分がすっきりした。後で聞いた話によると、自動車部は、田村本部員問責の用意をして今日の大会に臨む方針で、弁士も決めていたという。しかし率直に謝られて、振り上げたこぶしを下ろすのに困ったとも聞いた。腹が立って言いたいことがあっても、口に出す前に、一度唾を飲み込んで耐えてみるものである。

完成した東交会館

東交会館で落成式挙行。（昭和 24 年 11 月 18 日）

# 第四十三章　公安条例闘争と三支部単独スト

この晩秋の年次大会の数カ月前、昭和二十四年四月から五月にかけて、全国的に制定されつつあった公安条例が、東京都でも制定される可能性が高まった。この条例の意図は、これまで四十八時間前に届けるだけでよかったものを、七十二時間前に届け出を出し、しかも許可を得なければならない制度に変更するというものであった。この条例は往時の治安維持法の再版であり、民主的大衆運動を抑圧し、新日本の民主的再建を阻害するものであるとして、都下の労働組合は一斉に反対運動に立ち上がった。言うまでもなく都労連もこれに同調し、同年五月十六日、都庁広場において公安条例反対都労連大会を開催した。続いて五月三十日、都労連、総同盟、産別、全官公などが提唱団体となって、都内地区労組代表者による公安条例制定反対懇談会を都職労会議室で開催し、公安条例反対共同闘争委員会を発足させた。

同委員会が誕生した五月三十日も都庁前広場では、都労連中央地協や都教組などによる公安条例反対大会が開催されていて、警官数百名が都議会議事堂内外の警備に当たり、きわめて緊迫した状況であった。しかし午後四時に開会された都議会が、本会議開会後わずか五分で休憩に入ると、緊迫した状況はやがて平静さを取り戻した。というのも、この間都労連中闘は、公安条例が同日の会議に上程されることはないという確実な情報を都議会側から得たため、議会の動向を監視すべく若干の連絡員を残してあとは全員引き上げるように指示を出したからだ。

ところが夕刻になって突如、今夜の都議会に公安条例が上程されるから直ちに動員せよとの発信人不明のレポが、各労組や職場に飛んだ。このため全官公、金属労組、学生などの諸団体が続々と都議会議事堂前に終結してきた。東交からも柳島、広尾、目黒、青山など、数支部の組合員が動員され、これに参加した。はからずも反対派と警官隊は衝突し、その混乱から柳島支部員橋本金二君が圧死するという惨事が発生した。圧死者を出した電車部柳島支部は、翌三十一日午前十時から単独で怒りのストに突入した。

本部は時を移さず、同日午前十時、緊急執行委員会を開き善後策を検討し、公安条例闘争と対柳島支部スト問題について以下の方針を決定した。

公安条例反対闘争に関する方針

公安条例に対する反対闘争は支部の単独行動によるべきではなく、東交一体の方針に基づいて整然と闘うべきであるという確認のもとに、本部方針を左記のごとく決定する。

記

一、公安条例は東交だけの問題ではなく全労働者の頭上にかかる重大問題である。故に東交だけがストを決行するなどの個別的闘争ではなく、総同盟、産別、全官公、都労連などの友誼団体と緊密なる提携の下に強力なる共同闘争を展開すべきである。
二、官憲弾圧に対しては真相究明の上、別途対策を樹てて、社・共両党をも含めた広範なる労働者大衆の名において厳重抗議する。
三、以上の観点から右の本部方針に背馳する今回の柳島支部の二十四時間ストに対してはその中止を通達し、東交各支部に対しては軽率な態度は取らないよう本部より通達を発する。
四、橋本君の弔慰方法に関しては、別途協議の上決定する。

本部は右の方針を各支部に通達するとともに、特に柳島支部に対しては岡本委員長外数名の執行委員を派遣して本部方針を説明し、直ちにストを中止するよう勧告した。その結果、同支部も本部方針に従い、翌六月一日から平常運転に復帰した。東交は、この日緊急中央委員会を開き、公安条例に関しては、東交だけの単独ストを行わない旨再確認した。

こうして柳島支部の単独ストがようやく解決したと思う間もなく、翌六月二日早朝、同支部の副支部長大塚正二君が突然線路上での寝込み戦術を取ったため、再び一部の組合員を刺激することになった。特に外部の極左団体の煽動によってその波紋はさらに拡大し、二日夕刻から遂に目黒、広尾の二支部が単独ストに突入、これに触発されて柳島支部もストに再突入した。こうして三支部は本部方針を無視して、無期限スト態勢をとるに至った。

因に、この圧死事件に伴う一連の出来事は、東交史上かつまた東京の労働運動史上、五・三〇事件と呼称された。この事件に基づく抗議活動の背後には、少数暴力革命を企図する共産主義者の指導があったことは疑いをはさむ余地がない。彼等は組合が破壊される危機をよそ目に、共産組織の拡充に懸命な努力を傾けていた。電車数台に分乗して、各支部を引き込むためのデモンストレーションもしばしば敢行した。わが大久保支部もたびたび襲われ、その執拗な攻撃に、留守を守る温厚な佐山邦三郎氏も、「辟易した、いやな奴らだ」とこぼしていた。本部の方針を堅持し、組織を守る留守部隊長の労苦が察せられた。以前述べたように、お前のところの田村は中央委員会でかくかくと、個人攻撃に終始した記事を掲載したアカハタを持ち込まれたこともあり、当時の大久保電車所長榎本延太郎氏などは、人のいいことに一部三円で売りつけられたとなげいていた。

本部は六月三日、各支部に対し本部方針に基づく職場防衛を指示する一方、三支部に対して本部方針の遵守を要請し、スト中止の勧告書を手渡すため本部員を派遣することにした。

# 第四十四章　スト中止勧告の使者を命ぜられ

## ――しぶしぶ三支部へ

組織が混乱している最中《さなか》、スト中止の勧告書を引っ提げて三支部に自ら説得に行こうとする者は誰もいなかった。威勢のいいスト激励ならいざ知らず、前代未聞のスト中止勧告などに誰しも行きたくはない。まして自己の思想に同調せざる者は全て反動、ダラ幹なりと定義する主義者の巣に舞い込めば、反労働者の罵声を浴びるのが関の山だ。

伝達の使者探しに困った三役は、これは宣伝部の仕事だと、結局私にその役を命じた。しばし納得しかねたが、誰かが本部の威信にかけて伝達してこなければならない。火中の栗を拾いに行くことになるが、已むを得ず承諾した。共産系であった新宿支部長加藤正雄君に同行を願い、柳島支部に向かった。

行ってみると現地付近は応援部隊でいっぱいであり、支部内に入ることも容易でなかった。極左派の区労協の部隊も繰り出していて、地域闘争の様相もかもしだしている。支部内は立錐の余地なき状態で、アジ演説が行われ、一党独裁的な雰囲気のもと、そうだそうだの野次が飛び交っていた。来意を告げ、スト中止の次第を述べ、文書を手渡した。覚悟していたとおり、聞く耳持たずの応対を受けたが、たった一人まじめに迎えてくれた人がいた。後に執行委員長、そして都市交通委員長（一九七七年退職）に就任した大江栄四郎氏である。当時大江氏は柳島支部副支部長であった。群衆心理、雷同の沸き立つただ中で、助けの神はこの大江氏で、頭が下がるとともに将来が頼もしかった。私より十六歳も若いが、東交にも将来を託せる立派な人物が出てきたものだと、敬服し希望に燃えた。

## 第四十四章　スト中止勧告の使者を命ぜられ
## ——しぶしぶ三支部へ

こうして命じられた私の任務は終わった。加藤君とともに支部を出たが、よそ者のごとく取り囲まれ、しばし橋の上で立ち往生の始末。見かねた毎日新聞の報道車に救われて虎穴を出たが、スト中止を受諾したという虎児は得られなかった。

ほうほうの態で逃げ帰った将兵のごとく三役その他に事の次第を報告した。ところが任務はこれで終わったわけではなかった。三役から、御苦労だが明朝目黒と広尾両支部へ行ってくれと言われ、びっくりしたのは加藤君も同じであった。私達が柳島に行っている間、誰も目黒、広尾のいずれにも赴《おもむ》こうとしなかったのだ。加藤君もつくづく嫌気がさしたらしく、「田村君ばかりがいやな使いをする必要はないはずだ。本部員が二十名もいるではないか」と言って同行を拒絶した。全く同感であったが、亀の甲より年の功か、この任に応ずることにした。今度の同伴者は自動車渋谷支部の川添嘉平君に決まった。

翌朝渋々と目黒支部へ。入口には警備員兼連絡係が二名、腕章をつけて立っていた。来意を告げると心得たりと奥へ走った。しばらくして支部内に導かれた。中では支部長斎藤為雄君と副支部長加藤千輔君が大御所のごとく控えていた。その指揮者然とした姿は立派だが、その顔には一抹の不安が覗いていた。しかし仲間を失った柳島支部とは段違いに冷静で、さすがは共産党本拠地の観があった。いわく、事の次第はよくわかったと文書を受け取り、お使いご苦労の言葉を背に受けて退去した。共産主義東交班の根拠地ゆえ弱みは見せられぬだろうと引き返したが、柳島のような事態にもならず、案ずるより産むがやすかった。やれやれと胸を撫で下ろすとともに、その一方で、実に立派な共産党だと感心した。特に加藤千輔君は共産党東京都委員の肩書きを持つだけあって紳士であった。

目黒支部を退去し、国電で一駅、恵比寿で下車、外へ出て前を見れば渋谷発の一台の電車。進駐軍のための運行と見受けたが、一般人も乗せていた。広尾車庫まであれに乗って行こうと、止まった電車に近づくと、運転手がドアを開け、「お前達はどこへ行くんだ」と顔を出した。服装から東交本部員と直感したらしい。「これから君の支部へ行くのだ」と答えると、「本部員だな、この電車はなあ、てめえらを乗せる電車じゃねえや」とドアをぴしゃりと閉めて、走り去った。川添君と私は思わず顔を見合わせて、この分では広尾の支部へ行ったら大変なことになるぞと言い合ったが、覚悟の方もできた。

それにしても反本部意識も植え付け、よく教育したものだと感心もした。しかし本部員とはいえ、同じ労働者であり、しかも身内である。仲間と思っているのに、のっけから敵視敵対とは悲しかった。当時の広尾支部長牧野松太郎君は外見はやせ型で、頭脳明晰であった。日本共産党東交班の主将であり、指導者で、去りしころ村越喜市君を通じて私に球根栽培法という組織作りのための小冊子をくれたことがある。共産主義嫌いの私は一ページも開かなかったが、この小冊子掲載の方法で組合内外の教育をしていたのかと、目を通しておけばよかったと後悔した。いつとはなしに不要な本と捨ててしまったらしい。

一時《いっとき》を経て広尾支部に到着した。支部長の牧野君は病気入院中で、堀越副支部長を始め、有井、柚木、磯部君ら猛将と支部役員が、怒声、罵声のとどろく中、厳然と控えていた。他の組合員は、珍しいものでも見るように、梯子段に鈴生りに、後方では柱によじ登り、支部室を眺め、口々に何か言っている。堀越副支部長は、さすがに支部長不在時の責任者だけあって慎重な態度で接し、有井君もまた紳士的であったが、激情家で鳴る柚木、磯部両君は冷静に話し合いのできる相手ではなかった。私が堀越副支部長に勧告書を手渡そうとすると、磯部君は机を持ち出して、ここで正式に読め、聞いてやるぞと怒号する。他の面々も私達を取り巻いて悍馬《かんば》のような鼻息で早く読めと呼応し、当時流行し始めたつるし上げが始まった。柔軟な勧告では埒があかずと思ったが、ひとまず勧告文を読み上げた。読み終わると同時に質問質問と手が上がり、襲うがごときその場の情景だ。

所内のあらゆる場所に、ところ狭しと張ってあるのはアカハタと共産党のビラばかり。その情景を見て私は言い放った。「質問はお受けする。その前に本部員として逆にお伺いする。当支部長の牧野君が入院中であっても、本部は週に一回ニュースを送っているはずだが、東交本部が発した印刷物は一部、一枚も見当たらない。見えるのは当局の掲示と赤旗及び共産党のビラばかり。ここは東交の支部であり、共産党の支部でも分室でもないはずだ。本部が組合員に知らせる情報はどこに張ってあるのだ。私に質問する前に東交本部が発した今日までの情報を読め」と開き直った。

これにはさすがの猛将、名将も言葉に詰まった。彼等は常に反本部の教宣に努め、大衆を盲目にし、共産主義の培養に至大な努力を払っていたのである。副支部長堀越君は勧告書を受け取って、趣旨は分かったから田村さん帰ってくれと言い出した。すると大向こうから声がかかった。本部員の言うことも聞けと。勇気に満ちた爆発的な大声であった。これには勇気が百倍した。独裁的な指導にあきあきした大衆の中から時たまこうした爆発が起きるものだ。堀越君にしてみれば、薬が効き過ぎて興奮状態の最中《さなか》、こちらの質問に答弁できぬでは、果ては暴力沙汰にでもなったら大変だとの思いがよぎったのであろう。その意を察して退去せんと挨拶を交わし支部を後にした。折柄、紳士有井君は、私達二人が乗った電車が走り出すまで見送ってくれた。送り狼のような気がしなかったのは、有井君の人柄と指導的立場から有りえないと踏んでいたからだ。

こうして組合運動中一番いやな任務は終わったが、こうしたことの再発がないことを東交の将来のため、祈ってやまなかった。

企業家的、使用者的、行政者的立場から見たら、この一連の情景は、労組が政党に介入され、統一と団結が崩壊したと微笑むに違いない。労働組織に野望を抱いた政党が強引に介入すること、また介入させることは、組織の破壊になることを忘れてはならない。

# 第四十五章　遂に大量除名者を出してスト終息

ストに踏み切った三支部の中には、外部の極左勢力の圧力に押され、已むに已まれぬ羽目に陥って、ストに賛同せざるを得なかった人も多かったに違いない。しかしこうした人々も、来るところまで来てしまった以上後戻りはできないと、極左勢力と結んで他支部に対してもスト参加を呼びかけていた。

その後本部は三支部に対して重ね重ね指令違反を追及し、その結果六月五日夜になって、三支部共同闘争委員代表は本部に会見を申し入れ、同時に左記のスト解除条件を突きつけてきた。

一、虐殺責任者である都知事、警視総監、丸ノ内警察署長の罷免
二、右の者に命令を与えた都議会の解散
三、橋本君の遺家族に対する生活保証
四、その他（省略）

内容は的外れのだだっ子的なもので、疝気筋《せんきすじ》も筋のうちかと揶揄してみたくなる代物だった。こ

れに対し本部は翌六月六日、三支部に対して回答するとともに再度スト中止の勧告を行い、逆に勧告に従うか否かの回答を同日十二時までに出すよう要求した。

一方交通局は、同じ六月六日、今回のスト責任者として左記の十名の諸君の馘首《かくしゅ》を発表した。

吉田利光、大江栄四郎、大塚正二、今井桂助（以上柳島）
加藤千輔、斎藤為雄、井上芳夫（以上目黒）
堀越広光、町田一吉、忍田正治（以上広尾）

東交本部より再度勧告を受けた三支部代表は、その日の午後十一時、回答期限一時間前に本部に現われた。彼等の第一声は、十名の馘首取消を無条件で取り上げてくれとの申し入れであったが、本部側は、この種の問題は本部勧告を受け入れてストを中止した後論ずべきだと突っぱねた。その上で、本部方針に従わない行動で馘首《かくしゅ》された問題について、本部が責任を負うか否かは直ちに言明するわけにはいかないと答え、会見は物別れに終わった。三支部共闘委員会は同夜目黒支部で徹宵協議し、戦術転換と称してスト打ち切りを決定し、翌六月七日から平常運転に復帰した。

かくして三支部の単独ストは終了したが、この間一部の極左分子は外部団体と呼応、隊伍を組んで各支部に波状攻撃をかけ、脅迫的言辞を弄して全東交をストに巻き込もうとした。あるときはスト中止を勧告する本部員に対し罵声を浴びせ、あるときは本部の会議場を襲って威嚇的暴言を吐く等、したいほうだいであった。本部はこの単独ストの原因と責任の所在を徹底的に究明し、将来に禍根を残さないための善後策を講ずるために、六月七日、執行委員会に付議して統制委員会の設置を決定した。統制委員会はこの問題を慎重に検討し、組合統制保持のため、吉田利光君外二十八名を除名処分に付すことを決定し、執行委員会の承認を経て六月九日、中央委員会にこれを上程した。

これを受けて中央委員会は慎重に慎重を重ね、審議の後、無記名投票により採決した。その結果、原案賛成八十票、反対二十四票をもって二十九名の除名が決定した。

この事件はわが東交にとって、昭和四年十二月争議の際の裏切者四元老に対する除名処分、及び、昭和十三年二月の組合解消論者篠田八十八一派に対する除名処分に次ぐ、大事件であった。

ところで問題の公安条例は、同年の十月六日に至り、集団行進及び集団示威運動に関する条例の名で案文が都当局より示されたが、その内容は、四十八時間前の届出制に変更されていた。都労連はさっそく緊急中闘委員会を開いて協議したが、この条例は常識的にも全く不必要なものであるとして、条例制定に反対することを決定した。

その後、自治労連、総同盟東連、東地労、都労連などで構成した公安条例反対共闘世話人会は、その組織、性格をめぐって東地労の反対に遭《あ》い、共闘委員会を設置するまでに至らなかった。その結果、各単組ごとに反対闘争を展開することになり、遂に昭和二十四年十月十九日、本条例は都議会を通過し、翌二十日、公布されてしまった。

かくして公安条例をめぐる五・三〇事件は、犠牲者一人を出し、その究明もされぬまま終わりを告げたのであるが、次に襲ってきたのがマッカーサーによるレッドパージであった。都労連、東交もその埒内に置かれ、多数の犠牲者を出した。レッドパージはさておいて先のスト事件の三支部関係者は、使者役を務めたばっかりに私と川添君を足掛かりに、都労連委員長の重盛氏を東交本部との連絡口として、諸要求を持ち込んできたのには少々うんざりさせられた。

その内容は後に記すとして、久方振りに舞台を、私の所属する大久保電車に移してみる。

# 第四十六章　新宿支部での思い出の事件数々

本部執行委員の員数は、電車、自動車、技術（当時は工作部）、事務の各部組合員の数に比例して割り当てられていた。余談だが、右に示すとおり技術部が当時まだ工作部と称していたのは河野平次氏の意向からであった。河野氏が東北生まれゆえ、技術部では呼びにくい、おれのいるうちは工作部のままにしておいてくれと主張していたからだ。以前から技術部に改称する動きがあったが、そんな訳でなかなか改称できなかった。当時電車部は六千名を有し、交通局の代名詞であるとともに、所属員数の多さゆえ、選出する執行委員の数も多かった。執行委員に選出されるためには、各部の大会で決定される前に候補者となっていなければならず、候補者は特別な場合を除き各支部長が予定されていた。このため当時の執行委員は支部長または副支部長を兼任していた。私の場合もこれにならって大久保支部長兼本部執行委員であった。従って、支部の実際の運営は副支部長が行っていて、大久保の場合は佐山邦三郎君がこれに当たっていた。

昭和二十三年、大久保営業所が独立し、所長に宮崎氏が就任。二十五年には榎本延太郎氏が所長の椅子に腰を下ろした。この所長は大変な酒好きで、一日の勤務が終わると一口嗜《たしな》んでから退所していた。それが何よりの楽しみでもあったらしい。

あるときその現場を見かけた青年部がけしからんと言い出し、たまたま支部室にいた私に事件にしろと詰め寄った。二・一スト以来、若い青年層の勢いはすさまじいものがあった。法規、条例、規則に従って運営されているものでも、反旗をひるがえすのが労働運動だと思い込んでいる人が多かった。青年部の主張にも一部頷ける点はあったが、全面的には賛同しかねるものであった。そこで私は支部長という立場で、「不謹慎と言えば言えるだろう。だが諸君も、一日の業務が終われば庁舎の中で、組合班会など会合を持ち、終わるころには酒を飲んでいるではないか。そのくらいは認めてやれ」と諭した。私の言葉に激高した彼等は、私に対し暴力を振るおうと身構えた。当時私も若かったから、「やるならやってみろ、しかしその前に一言聞け、所長は非組合員で管理者である。過ちがあっても誰も弁護してあげられるわけではない。私は諸君から選ばれた代表だから、諸君の過ち、間違いあるいは勤怠についても、盆栽の曲がりくねりを整えるべく弁護もしたし、これからもする。しかし所長には過ちがあっても弁護できる者は一人もいない。そればかりか失脚を狙う者さえいる。出世、欲望、俗臭ふんぷんたる社会だから、諸君は非組合員に対しても、立場を変えて見る見識を備え、もう少し人間味を発揮してもらいたい」と一席述べた。半ば怒号が繰り返される中、説得を続け、やっと納得してもらった。

# 第四十七章　所属部意識旺盛な最中
## ——大物河野氏委員長選圧勝

市電従業員自治会誕生以来、東交労組の実質的指導者は河野平次氏だと言い切ってよいであろう。人は彼を評して言論右派の行動左派と呼んでいた。そして工務畑出身とは思えぬ人だと、誰もが敬服していた。骨も筋も一貫した理論家の上、交渉や談判には闘志をみなぎらせ、その一方で、胸に問い腹で答える沈着冷静さも兼ね備えていた。一度交渉の火ぶたを切れば一歩も退かぬ面魂で迫り、組み立てる論理の綾に相対する者が返す言葉を失い、肯定せざるを得ない状況に追い込んでいく。説得に回ったときの迫力はこれまた天性か神業《かみわざ》か、従わざるを得ない力に満ちている。対峙した理事者の中には歯の立たぬくやしさに歯ぎしりする者も出る始末。常に重要な役割を担ってきた河野氏だが、執行委員長の椅子に腰を据えたのが今回で二度目と少ないのは、出身が工作部であったためであろう。工作部は他の三部に比べ組合員数が少なく、これだけの大物を長に押し上げる力に不足していた。言うまでもなくその背景には各部に瀰漫《びまん》する所属部意識の弊害がある。優れた力量の持ち主もその弊害に阻《はば》まれ、これがために、延《ひ》いては組合そのものの進歩を遮り、後退させ、はなはだしきは分裂の危機さえ齎《もたら》すことがある。

私は電車部に所属していたが、二十四年晩秋のこの大会では、委員長の椅子に座らせるべきは河野氏以外にないと思っていた。すでに電車部以外の自動車、事務、工作の三部は、執行委員であった自動車工場支部長府中金義氏の活動によって河野氏擁立に固まっていて、衆目は一致していると感じていた。電車部でも河野氏を推していたのは私の他に、神明町支部長飯塚愛之助氏である。

こうした情勢のもと、電車部大会が開かれた。私と飯塚君は、この際所属部意識を捨てて、潔《いさぎよ》く河野氏を推薦すべきだと意見を開陳したが、東部地区の指導者、三輪支部長柳田豊茂執行委員は頑として受け付けなかった。電車部は交通局の代名詞であり、東交労組の本尊なるぞというわけで、柳田氏らの超優越意識が電車部大会を制圧し、私や飯塚君の河野擁立論は埋没してしまった。柳田氏は、目黒や広尾支部の幹事達から新興宗教の教祖爾光尊《じこうそん》と呼ばれていたほど正直無二、融通の利かぬタイプで、ものごとを信じ込んだらまっしぐら、譲るようなことはなかった。東交労組の草分けとも御先祖とも、自他ともに認識する島上善五郎大先生を信奉していて、その指導下の頭領的存在であった。島上一家には他に、東交東部地区の統率者であった南千住支部長辻歳三君がいて、島上先生の前座をよく務めていた。思えば島上先生は信念の闘士であり、かつ努力家で勉強家であった。従って身につけた財産は無尽蔵というべきだろうが、ただ一つ、求めてもなかなか手に入らなかった財産が人的資本であった。

東交大会当日、河野平次氏を委員長に推挙することが、能力的にも、人情としても、延《ひ》いては組合としても最善であるとの見方が一般的であった。私も飯塚氏もこうした情勢を踏まえて舞台裏で、勝敗はすでに決していることもあり、単組の委員長を後味の悪い決選投票で決めることはなかろうと柳田氏を説得にかかったが、彼は眼を赤くし、涙を落としながら口癖の、やはりやはりを連発して抵抗する。純真と言えばそのとおりだが、余りにも頑《かたく》なで世間が狭く、一滴《ひとしずく》の政治性もない。結局最後には、腹立たしげに我々を一瞥《いちべつ》すると、気を取り直したのか意気軒昂に、わが電車部より岡本丑太郎氏を再選させるべきだと絶叫し、留まるところがなかった。舞台裏の折衝も暗礁に乗り上げ、見守っていた取り巻きも姿を消し、いよいよ決戦投票となってしまった。こうしたケースでは推薦者ばかりでなく候補者にも応分の責任がある。もし岡本氏が、今まで十分やってきたから今年は河野氏に座を譲るの一言でも言っていれば、すでに結果の分かっている投票で後味の悪い思いをしなくて済むものを、その言葉は遂に聞けなかった。当然のごとく投票は河野氏の圧勝に終わった。

## 第四十七章　所属部意識旺盛な最中
## ――大物河野氏委員長選圧勝

この昭和二十四年という年は、労働運動史上の転換期であり、都労連や東交でも勤務時間延長反対闘争が展開されるなど多事を極めた。

政府はこの年の劈頭《へきとう》、同年一月一日に遡及して、国家公務員に対して四十八時間勤務制度実施を発表した。これに呼応して都理事者もまた同年一月六日、同制度実施を通達した。都労連は、勤務時間延長となるこの制度に反対すべく傘下各単組に対し、都の通達を一蹴し実力でこの改悪を粉砕せよと檄をとばした。しかし結局都労連は同年二月二十二日、現業に従事する雇員に対しては休祝日を認めさせるなど、種々の条件を付して、四十八時間制度を承認した。

しかしその後になって人事院は、夏季においては土曜半休を恒久的に復活させると発表した。ただし、現業の雇員に対してはその適用がなかった。そこで東交は、土曜半休が適用されず四十八時間制を採る交通局従業員には、適当な給与加算措置が講じられるべきだとして具体案を都労連に持ち込んだ。こうした要求を受け都労連は、各単組の要望を整理調整し、同年十二月、理事者に要求書を提出した。

ところが理事者側は、四十八時間制承認の際、都労連の付帯条件を飲んだのだから、何ら加算措置を取る必要はないとし、その上で、土曜半休により四十四時間制になった部署の従業員については号俸を引き下げる必要があると反撃してきた。都労連傘下の各単組は、それぞれ勤務条件に違いがあり、利害が一致せず、理事者側もこの機に乗じて都労連の戦線分裂を策するなどしたため、強力な統一闘争を組むことが不可能な事態に立ち至った。そこでやむなく都労連は、各単組それぞれの事情を考慮し、個別闘争を併用する方針に切り換えた。

これを受けて東交は、勤務条件を同じくする水道従組と緊密な連組を組み、地域給を含む二号俸相当額を獲得目標に据え、独自に団体交渉を展開した。都及び交通局との度重なる交渉の結果、遂に二十五年六月十七日、組合側の主張を骨子とした左記条件を獲得した。

四八制妥結条件

四十四時間制と四十八時間制の時間差給与について次の恒久的措置を取る。

一、従来の臨時特殊勤務手当三十円を五十円に増額支給する

二、昨年十月以降五月までの増額分は、本年七月の上半期給料支給日に一括支給する

三、本年六月以降の臨時特殊勤務手当は毎月の作業給と共に支給する

注　本年六月現在における交通局従業員の地域給を含む一号俸相当額の平均は約二百十二円である。

因に、政府からの指導によって昭和二十三年の二千九百二十円を最後にストップとなっていたベースは、翌二十四年七月から交渉が再開され八月二十二日、六千三百七円とし、合わせて昇給を再開することで合意した。ただしこれと並行して交渉されていた昇給差額概算払い等号俸調整にかかる問題については決着を見ず、なお話し合いが続行された。

# 第四十八章　労働組合総評議会の結成

共産党が支配する全労連に反発する民主化運動は、昭和二十三年を境に次第に表面化し、活発化していった。これに呼応し都労連は、昭和二十四年十一月三十日、中闘委員会で全労連及び全官公脱退を決定した。

組合民主化運動が進展すると、極左的偏向にまみれた全官公に代わって官公庁労組の新たな連合組織が必要となり、同年十二月五日浅草公会堂で、日本官公庁労働組合協議会の結成大会が開かれた。この組織には国鉄、日教組、全逓、全大蔵、全印刷などが加盟し、都労連、全農業、自治労協がオブザーバーとして参加した。その後間もなく都労連も正式にこれに加盟し、ここに十三単産、組合員百七十万人に及ぶ一大勢力が出現した。

その一方で、同年末に展開された年末闘争においては、極左偏向の指導方針を是正した民主的労組によって新たに、国会共同闘争委員会が組織され、主要組合三十三単組、五百二十万が集結し、政府並びに資本家陣営に向かって一大闘争を展開した。まず国会共闘仮本部を参議院社会党議員控室に設置し、幹事を常駐させ、闘争態勢を整備した。態勢が整うと官公労はベース改定を中心課題として、まず国鉄、専売の裁定実施を目標に果敢なる闘いを挑んだ。国鉄裁定は裁判にまで発展し、その解決には相当長期間を要する見通しとなったが、専売裁定の方は二十五年三月二十日、一時金三千四百円支給が決定され、ドッジラインを見事に打ち破った。これに乗じて官公労各単組は各所管大臣にそれぞれ実質賃金向上を迫ったが、見るべき成果は、全逓の一斉二号俸昇給、都労連、都市交通、自治労協及び全水道の三号俸並みの実質賃金向上が挙げられる程度であった。全体を総括すると労働者側は、わずかに要求の一部を獲得したに過ぎず、本格的ベースアップはなされぬままであったと言ってよい。

この昭和二十五年三月闘争を時の経過順に追って行くと、二月十八日国会共闘総決起大会、三月三日首相官邸への夜間動員とこれに対する議長の解散命令、三月七日全鉱スト開始、三月八日炭労第一次スト、三月九日電産第一次スト、三月十三日炭労第二次スト、三月十七日電産第二次スト、三月十九日電産第三次スト、三月二十日炭労全国一斉七日間スト、三月二十三日電産第四次スト、三月二十五日炭労傘下三百六十組合ストとなっていく。その他官公労の遵法《じゅんぽう》闘争とこれに対するＧＨＱの中止命令などもあった。情勢が深刻化するに及びＧＨＱのエーミス労働課長は、国会共闘各単組に会見を申し込むとともに官房長官とも会見し善後策を協議していた。この三月闘争の特色は、官公労主体の従来の闘争とは異なり、民間労組が主軸を形成していたことである。因に、全鉱、電産はこの闘争を通じてベース改定を勝ち取っていた。

三月闘争たけなわの二十五年三月十一日、神田教育会館において日本労働総評議会結成準備大会が開かれた。この準備大会は、私鉄総連を提唱者として前年十一月一日に開かれた労働戦線統一懇談会を嚆矢《こうし》とし、その後十三回に及ぶ会議の末開かれたものであった。ただし、その大本《おおもと》は国会共闘のカンパ組織で、これが戦線統一へと移行し、総評準備会まで進展したのであった。都労連は同年三月十五日定例中闘委員会で、この準備会加入を決定した。その後同年六月に行われた参議院選挙で共闘を組むなど本大会に向けて気運を高め、昭和二十五年七月十一日わが東交会館で、日本労働組合総評議会の結成大会が挙行されるに至った。

加盟組合十八単産、組合員三百七十余万人に及ぶこの全国的一大連合体は、ここに力強くその第一歩を踏み出したのである。初代役員には、議長に炭労出身の武藤武雄氏、副議長に全逓出身の長谷武麿氏と海員出身の松浦清一氏、事務局長に総同盟の島上善五郎氏が就任した。

総評結成に伴い、日本労働組合総同盟は翌二十六年三月二十八日、京橋公会堂での第六回全国大会を最後にその解散を決議した。ところが総同盟内部にはかねてから左右の対立があり、多数をもって解散が決定するや、総同盟解散に反対していた右派は、別途に日本総同盟を結成し、総評に対立するに至った。

一方日本社会党は、全面講和、再軍備反対、軍事基地反対、中立の平和四原則と対日講和条約をめぐって紛糾し、昭和二十六年十月二十四日の浅草公会堂での臨時大会で大激論の末、遂に左右両派に分裂してしまった。この平和四原則問題をめぐる左右の対立は次第に労働組合にも深刻な波紋を投げかけていった。

平和四原則死守の立場をとる総評が、宗教団体、婦人団体、青年団体などに呼びかけ平和推進国民会議を組織すると、対立していた再建総同盟は、傘下十七単組有志で会合を持ち、国鉄新生民同の提案による民主労働運動研究会を発足させた。一方、総評内部にも左右の対立があり、総評右派に対抗すべく左派の有志は、労働者同志会を結成したのである。

# 第四十九章　レッドパージ旋風

米ソ両国間の冷戦が深刻度を加え、国内では軍事基地反対や植民地化反対運動が活発化する最中《さなか》、日本の共産主義陣営の戦略方針は、労働者を社会的混乱に駆り立てようとする破壊的、ゲリラ的なものであった。共産勢力は、昭和二十四年ころから増加の一途をたどり始めた失業者に呼びかけて、失業者同盟、馘首《かくしゅ》反対同盟などを組織して法廷闘争を煽り、あるいは日雇労働者に働きかけて職安に職よこせ運動を展開したりした。この職安デモは全国各地に波及し、至るところで官憲と衝突事件を惹起した。

マッカーサー元帥は、昭和二十五年五月三日の憲法記念日に発した声明の中で、日本共産党の破壊的行動を指摘し、情勢の推移によってはこれを非合法政党とすることを示唆した。次いで六月六日マッカーサーは吉田首相に書簡を送り、日本共産党の全中央委員二十四名と同党機関紙アカハタ幹部の追放を指令した。

同月二十五日、朝鮮戦争が勃発した。以来共産党に対するＧＨＱの態度はますます硬化し、翌二十六日にはアカハタ発行の三十日間停止、次いで七月十八日、同紙並びに同類紙の無期限発行停止をしたためたマ書簡を発するに至った。これを受けて日本政府もまた八月三十日、法務府（現在の法務省）特審局が、共産系の全労連を反占領的暴力主義的団体と認定し、団体等規制令に基づいて解散を命じるとともに、その幹部十二名を追放該当者とした。

　かねてからＧＨＱは政府並びに民間重要産業に対し、レッドパージの断行を指示していた。この指示を受け政府は同年九月一日、閣議においてレッドパージを正式決定し、共産党並びにその同調者を官公庁から馘首《かくしゅ》するという非常手段をとるに至った。

民間部門のレッドパージは、まず新聞、放送、電産、映画、日通を皮きりに、次いで非鉄金属、造船、鉄鋼、紡績、化学工業、石炭、銀行、交通（私鉄、私バス）、出版、印刷など極めて広範囲で断行された。民間で馘首されたのは約一万一千名に及び、政府機関の約千百名余に比して格段に多かった。当然の如く各地で馘首反対闘争が起こり、その多くが法廷闘争に持ち

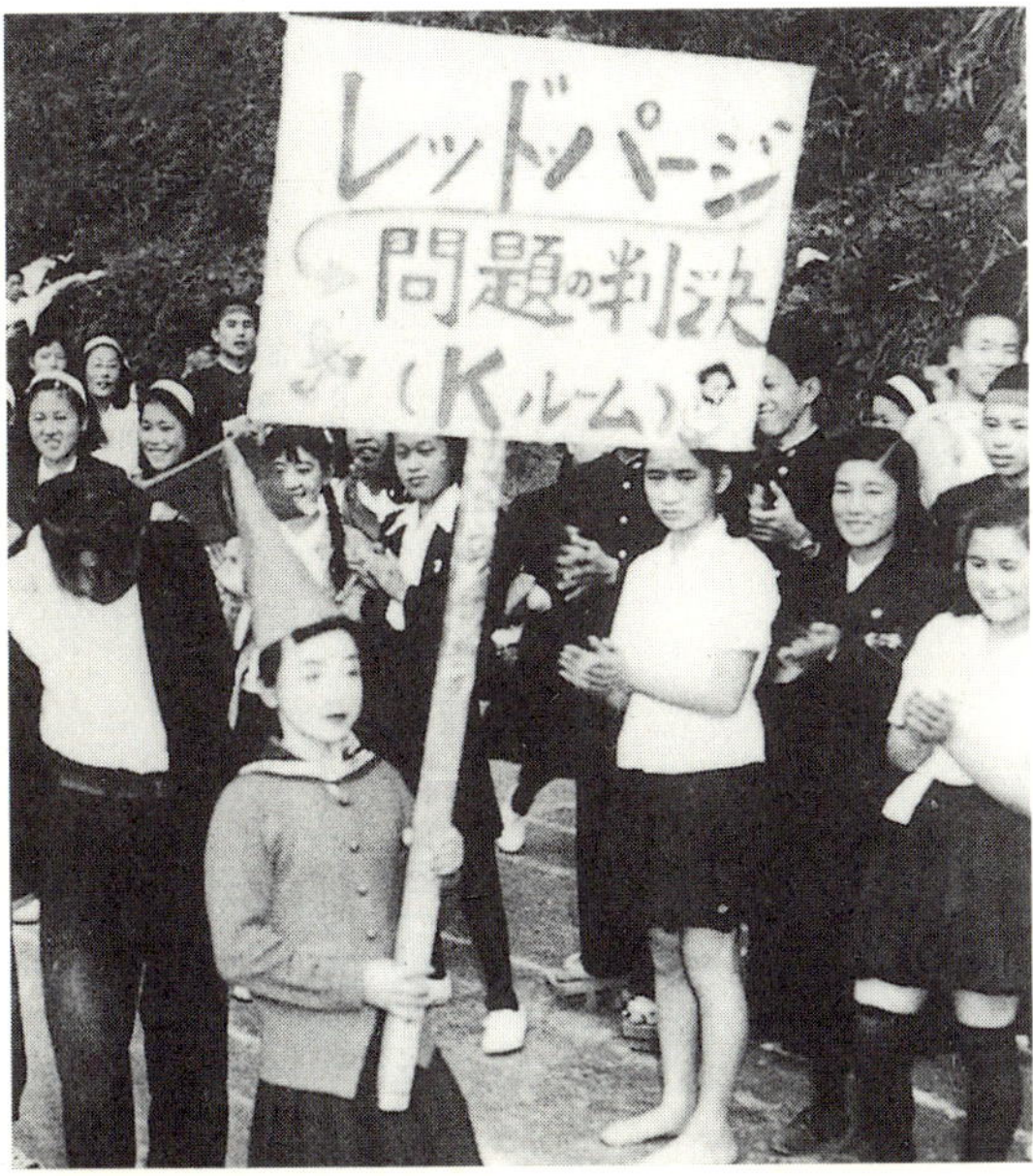


言論機関からスタートしたレッドパージは９月学園におよび、高校の文化祭で仮装行列にも登場。
（毎日新聞社刊行『１億人の昭和史』より）

込まれた。

しかしレッドパージによる馘首《かくしゅ》以前に、行政整理による馘首が断行され、紛争が続いていた。衆議院本会議において行政整理が論議されたのは二年近くも前の昭和二十三年十二月であった。政府は、行政の徹底的簡素化と銘打って、具体的方針を発表したのだ。二十四年五月の国会には岩本国務相案として、天引き非現業三割、現業二割の首切り案である定員法が提出され、可決されていた。この法案の成立とともに行政整理が開始され、国鉄の九万人を皮きりに、全逓二万七千人を始め、全官庁で大量の人員整理が行われた。これに倣い、地方公務員にも首切りの嵐が襲いかかってきたことは言うまでもない。

二十四年七月二十一日大木副知事は都労連執行部に対して、東京都職員定数条例制定に伴う基礎的定数を内示してきた。これによると、現員約二千名が首切りの憂き目をみることになる。都労連は翌二十二日、第一回中央委員会を開き、首切り反対の闘争態勢の確立並びに闘争資金徴収を決定した。その上で、整理対象は希望退職者のみなら認めるとし、退職金問題を絡め、双方を並行して交渉する戦術をとった。しかし、理事者側が希望退職者に留まらず対象者を広げてきたのは必定で、このため人員整理の基準を団体交渉で決めること及び団交が終了するまでは一方的な整理は行わないことを都に申し入れ、都理事者もこれを承諾した。

整理基準について都労連中央委員会は独自案を申し入れたが、当局は同年九月十日、理事者案を逆提案してきた。これに対して都労連は同月十三日の緊急中闘の会議を経て、都が逆提案してきた整理基準に修正を加え、交渉の結果、左記のごとき修正基準で合意した。

修正整理基準

一、原則として満六十歳（用務員については六十五歳）以上の者

二、執務能力の低い者

三、勤務成績の低い者

四、正当な理由なく欠勤の多い者

なお整理基準実施に当たっては、一方的に実施せず組合と協議すること、及び性別、所属政党などに関係することなく、かつ、正常な組合活動を行っている者を対象にしないこと等も理事者に承諾させた。

こうして二十四年九月十七日、都は千百余名の整理を発表した。このうち強制退職は東交百四十七名（事務職十七名、電車部八十八名、自動車部三十四名、工作部八名）、都職百八十一名、水従六名、合計三百三十四名であった。

これに不満であった都労連は同月二十二日、重盛委員長以下中闘委員全員で大木副知事と会見し、確認されたはずの事項が十分守られておらず、理事者が協定を無視している点を厳しく追及し、将来再びこうした行為を行わぬよう強硬に申し入れた。

一方東交は同月十九日、岡本委員長以下全執行委員で交通局長と団交を開始し、整理された個々

人がどの基準に該当したのかを明確にすること等を追及した。その上で、二十一日の中央委員会でその後の対策を次のように決した。

行政整理対策に関する件

一、当局の整理事由の説明は不満であるが、これ以上究明はしない
二、不当馘首《かくしゅ》の認定は所属支部の報告を徴し、本部に於いて審査の上これを決定する
三、不当馘首と認定した者については復職闘争を展開する
四、希望退職者振り替えの者についても不当馘首と認定した者は復職闘争の対象とする
五、復職闘争の方針は次の通りとする
イ、復職闘争は本部で一括して行う
ロ、闘争相手は交通局及び都の二本建てとする
ハ、闘争手段は当面、団体交渉に重点を置くが、情勢の進展に即応した最も実効ある闘争を行う
六、解職辞令は本人保管とする
七、予告手当並びに退職金等を受け取っていても今後の復職闘争に支障はなく、受領しておくことを建て前とする

その後東交は、本部執行委員会のもと不当馘首審査委員会を設置し、審査の結果、百四十七名

中、不当と認め復職闘争対象者としたのは百四名であった。なお被馘首者達は馘首反対同盟を結成し、この馘首を不当労働行為として東京地方労働委員会及び中央労働委員会に提訴した。

他方都労連中闘では、人員整理問題と並行して退職金引き上げについて都理事者と交渉していたが、恒久的措置として引き上げることは困難な状況にあったので、暫定措置としての退職金にしぼり交渉を重ね、二十四年八月二十二日、ようやく大木副知事と合意に達し、十四項目に亘る覚書を交わした。この覚書によって改正されたポイントは、前年十月の暫定措置が退職給与金、退職手当及び休務給の三本建てであったのを、退職給与金、退職手当の二本建てとして、さらに従来分割払いであった制度を一時払い制にしたことであった。

# 第五十章　戦後混乱期の荒れはてた職場
## ――勤務より担ぎ屋稼業

戦争がもたらした欠乏生活は、戦争が終わっても後遺症のごとく日本国民を苦しめた。住むに家なく食うに食なき時代、あらゆる階級、あらゆる社会に混乱がうずまくのは当然であった。かつては位人臣《くらいじんしん》を極めた総理大臣近衛文麿公も戦犯の責めを負って服毒自殺。奥方は、羨望の的であった生活も夢と消え、湯河原の別荘で手ずから薪割り、飯たき稼業と週刊誌が報じていた。さだめしおぼつかない手つきであろうとは人の噂《うわさ》。落つれば同じ谷川の水、昨日燕尾服、二頭立て馬車の国家の忠臣も、国破れて夢破れ、栄養はおろか、人間が生きるに欠くべからざる五六％の水分を保持するに汲々たるありさま。いわんや針金のようにやせ細った、疲労困憊の境地に生きる下層階級においてをや。衣食足りて礼節を知るとは古人の金言。法も秩序も食べた後の話で、まず食べること、食べさせることが前提である。明日の命を保つには今夜の命を守らねばならない。そのためには恥も外聞もとっくに忘れて、餓鬼道に落ちるのもむべなるかなであった。われらが職場に例をとれば、電車は焼かれ乗るに乗れず、日常の勤務も常ならずとあって、休務給という珍妙な給与まで制定された時勢である。乗務員も出たり出なかったりと、当てにならない人が増えてきた。

## 第五十章　戦後混乱期の荒れはてた職場
## ——勤務より担ぎ屋稼業

欠勤がちな乗務員を訪ねてみれば、勤務どころか買い出し部隊が主人の役と、青い顔した奥さんがそろばん玉ほどの子供達を従えて挨拶に出てくる始末だ。従って勤務などはそっちのけで、経済警察の追手を尻目に担ぎ屋稼業に精を出す人も日増しに多くなっていた。当時純綿と称された米でも手に入ろうものなら、買い値の数倍で転売し利ざやを稼げるとはよく耳にしたことである。

厚生係として従業員宅を訪れてのある帰り道、新宿駅東口前二幸の側《そば》で、同じ職場の局員がバナナのたたき売りのような大声を出しているのにぶつかった。役人根性ではないが一応調べておかねばならない立場から、何をしているのかと問うと、彼は私の顔を逆さに見上げて、「今築地に行ってきたところだ」と言う。見れば幾匹かの生イカを進駐軍が捨てた空カンに入れて並べ、一パイ百五十円の立て札を立てて売っている。「今どき局などに勤めている馬鹿があるものか。この方がもうかるぞ、君もどうだ」と当面の生きる道を教えられ、ギャフンとさせられた。折しも第三国人らしい担ぎ屋風の男が通りかかり、そのイカ全部買ったと声をかけた。当時の十円札は見様によっては皮肉にも米国と読めたが、その新円を受け取ると彼は、得意満面、これこの通りだと商売のうまみを口説き、くそまじめに勤務している私を嘲るように見た。

半ば感心して、しばし立ち話に興じていると、さっきのイカ買い占め男が、ほんの五メートル先で大声で売り始めた。立て札の売り値は何と二百五十円にはね上がり、闇市とはこんなものかと驚かされた。

そのころ私の助手として働いていたA君は、かつては一緒に電車の運転を習いに行ったこともある同僚だった。頭もよく、字もうまく、その上おしゃべりも上手とあって、俗に言う口八丁手八丁。雇員になると同時に厚生員の助手として代理的な仕事をしてもらっていた。しかし、このA君も次第に欠勤がちになった。家が近いので訪ねてみると、すでに完全な担ぎ屋になっていた。奥さんが郷里の佐渡に疎開しているうちに知人も多くなり、物資の調達先を確保したらしく、ちょいちょい佐渡に渡っては米の担ぎ屋に精を出し、秋ともなれば干物《ひもの》を担いで金儲けに専心していたのだ。

ある日突然、交通局を

新宿駅付近にできたマーケット。
(東京都建設局提供)

やめると言い出した。田保所長のはからいでせっかく雇員になれたのだし、その上働きがいのある厚生員という世話係でもあるのだ、担ぎ屋などそう長くは続くものではないと、元老片倉氏とともに諫めたが、振り切ってやめてしまった。

しかし世の中の秩序が回復し始めると、担ぎ屋稼業も成り立たなくなっていく。そんな折、また A 君が顔を見せ、もう一度交通局に入れてくれと言う。だから言わないこっちゃないと腹が立ったが、世話になったこともあるのだからと思い直し、当時の労働部長瀬口琢氏に三拝九拝、再採用法度《はっと》の局是にもかかわらず採用してもらった。

## 第五十章　戦後混乱期の荒れはてた職場
## ——勤務より担ぎ屋稼業

当時はまだ戦後の虚脱状態から抜け出せず、勤務している者も服務規程など度外視していた。操車係が渡すスタッフ等は意に介さず、勝手な運行がなされ、はなはだしきは勝手に出庫し、営業所の管内ならどの系統に電車を走らせようが勝手とばかり走り去り、自分の都合次第で終車にする始末であった。国の乱れとともに人間も職場も乱れほうだいというわけだが、電車も焼かれて少なく、休務給が制定されていた時代である。規程など守りようにも守れない状況でもあった。そしてまた乗務員が、乗っても乗らなくても給与が同じなら乗らない方が楽だとばかり、乗務開始はなるべく遅く、上がりは早くしようとするのも分からないでもなかった。こうした状況に労働組合も、戦災車の修理や新車の増強に力を注ぐ一方、やむなく乗務手当という制度を認めざるを得なかった。いや、むしろ、設けさせ、乗務を奨励したのである。乗務員が乗務するのは当然であるのにこれに手当を付けるのはいくら何でもおかしな話だが、付けなければ電車が走らない時代であった。

厳しく禁止されていた私金携帯制度も大いにゆるみ、制服のポケットから百円札が舞い落ちるのを目撃したこともある。労働組合といえどもこういう秩序の乱れを放置しておくことはできない。不労所得、不正行為を見逃すことは、組合の信頼を失わせ、延《ひ》いては組合運動への関心をも失わせることになる。そこで組合は自ら身体検査を開始した。残念ながらこの検査の網にひっかかって退職に追い込まれた人も中にはいたのである。

# 第五十一章　定数条例による馘首者の復職交渉

過ぎし五・三〇事件で主役を演じた三支部のストライキ指導者達が、定数条例の整理で強制退職となったのは言うまでもない。首を切られた当初は、退職金をその一党で山分けすればよいとうそぶいていたらしいが、土壇場になると一斉に本部に押しかけてきた。ことに私や川添君は近づきやすいと日本劇場地下などに呼び出され、飯塚愛之助氏や重盛都労連委員長に面接させろと要請してきたり、馘首の見返り支出方を執拗に要求してきたのである。このため過去の経緯《いきさつ》は度外視して、重盛、川添両氏と三名で大須賀局長との交渉に足を運んだ。

大須賀局長は話のわかる大人物で、この人であればこそ旧東交会館敷地問題を初め、これに伴う資金獲得の無理難題を理解してくれたのである。

交渉当初はさすがの局長も、今戦災復旧に全力で取り組んでいる交通局に後足で砂をかけた連中には一銭も出せないとけんもほろろであったが、重盛氏の巧妙な談判に終《しま》いにはわれわれの顔を立て、不本意ながら百五十円の支出を内諾してくれた。ただし、彼等に直接支出するのではなく、東交本部に厚生資金として支出する建て前であった。当時本部会計であった私は、後日この金を受け取り馘首反対同盟の諸君に手渡した。噂《うわさ》によれば、一律の山分けではなく、勤務年数に応じた配分であったと聞く。

昭和二十四年九月十七日、定数条例によって整理された交通局関係百四十七名中、東交中央委員会が不当馘首と認定した者が百四名あり、被馘首者は不当労働行為として都労委にこれを提訴したことは前述した。しかしこの提訴が却下されたため、彼等は直ちに中労委に提訴し直した。このように係争状態が続いていては、並行して行われていた東交の復職闘争も交渉が進捗せず、しばらく膠着《こうちゃく》状態が続いた。しかも翌二十五年になるとレッドパージ旋風が吹き荒れ、政府の共産党弾圧はいよいよその度合を強めて行った。こうした情勢から馘首反対同盟による中労委への再提訴も旗色は悪かった。馘首反対同盟は按配悪しとみて、代表者に村越喜市氏を立て、東交本部に要請書を提出した。内容は示談を斡旋するもので、交渉が妥結するまでの給料支給と若干名は復職させてくれというものであった。これを受けて東交本部は、中労委とも連絡をとりつつ、交通局長並びに都理事者と予備交渉を開始した。しかし勝訴を確信する当局側は、強硬な態度で一歩も退かず、円満な解決は望み薄であった。

このため東交は馘首反対同盟に対し中山書記試案を提示したが、同盟側は二十六年三月十二日、東交に再要請書を提出してきた。その再要請書の内容は当局側に認めさせるのは至難の業《わざ》と言わざるを得ない代物だった。

四月四日に至り中労はまず、都職労提訴者百十一名に対して裁定を下し、うち九名の現職復帰命令を発した。都理事者はこの復帰命令を不満として中労委を相手取り、東京地裁に行政訴訟を起こす気配が濃厚となった。

この事態を憂慮して監督官庁の立場から、労働省の賀来労政局長が問題解決に乗り出すことになった。東交三役はこの機に乗じ一気に馘首問題を解決すべく、最終案を掲げて同年五月十一日から折衝を重ね、その結果六月二日、都知事と協定を結ぶに至った。

なお、このときの東交委員長は、前年十一月二十日の第六回定期大会で河野平次氏に代わり新たに選出された飯塚愛之助氏であり、前委員長の河野氏は副委員長、いま一つの副委員長の席には萩原信治氏、書記長中山一氏の陣容であった。

六月二十二日、東京都知事と東交との間で再度覚書が交わされ、当局より解決金を受領し、六月三十日、馘首反対同盟及び各該当者に配分した。

# 第五十二章　河野執行部から飯塚執行部へ
## ――演説が飯より好きな十本先生

昭和二十四年十一月大会における河野平次氏対岡本丑太郎氏の決戦投票は前述の通りで、いやな後味を残して河野氏が委員長となり、翌二十五年十一月の第六回定期大会まで河野指導により運営された。

この二十五年というのは極めて事件が多い年だった。国際的には朝鮮戦争が六月二十五日勃発し、国民はああまた戦争かと消沈した。喜んだのは金儲けなら人命、人権は二の次という死の商人ばかりであった。そして九月になると国連軍と称する米軍が仁川へ上陸し、朝鮮戦争は拡大の一途をたどっていった。

国内では、やがて自衛隊という軍隊蛙に変化するオタマジャクシ、警察予備隊が創設された。また地方公務員法が制定され、日本共産党の徳田球一氏を始め九名に逮捕状が出されたのもこの年である。労働界では労働者の砦、日本労働組合総評議会が結成された。社会面では金閣寺が炎上と多面にわたって多事な年であった。

東交河野委員長は、例の五・三〇事件の解決に奮闘し、委員長の席にあるなしにかかわらず、対外的交渉を始め問題解決にはなくてはならない存在であることを強く印象付けた。

## 第五十二章　河野執行部から飯塚執行部へ
## ――演説が飯より好きな十本先生

毎年十一月に開かれる定期大会を前に、各部の大会が開かれ、部門ごとの要求が決定される慣わしであった。内部的なものもあれば他部に亘るもの、全体に及ぶものなど様々であったが、主として交通当局に要求すべき事項が決定事項の核を成していた。電車部も恒例の大会を本部大会前に開き、諸案が上程され、議決された。

電車部大会の翌日、私は河野委員長に呼ばれた。いわく、電車部は昨日《きのう》大会を開いたと聞くが、その議決事項を見せろとのこと。いずれ提出すべきものゆえ、説明しながら一見を乞うた。しばらく読んでいた河野氏は、「これが電車部の要求かね」と半ば揶揄するように問いながら、「こんなものはだめだよ」と決め付けてくる。この言葉に私もいささか憤りを覚え、その直後は、この委員長ががんばっている限り東交に新しい風は吹き込まぬと思った。が、河野氏といえば、東交においても交通局においても、第二局長とあだ名されるほどの人物だ。言い出したら一歩も退かぬ人だが、自分が局長であったらどうするのか、相手の立場を考えてから行動する周到さも兼ね備えていた。

第六回の定期大会が目前に迫ってくると、電車部の会合も頻繁に開かれるようになり、当然委員長問題も俎上《そじょう》に上《のぼ》ってくる。前年は委員長決戦に破れるという辛酸を舐めたが、今年はあくまで電車部から委員長を出すべきだとの空気が漂っていた。その陣頭で旗を振っているのが例の柳田豊茂氏である。もちろん島上善五郎先生の指揮棒が動いていたのであろう。候補者に神明町支部長の飯塚愛之助氏の名が上がっていた。飯塚氏は酒は飲まず、たばこも嫌いで、好きなものといえば碁と演説であった。しかし演説に関しては悪質な持病である喘息が禍し、しゃべり始める前に発作を起こし、見るに耐えぬほどの苦しみに立ち往生することもあった。私とはまったくの同志で、心から敬服する正義の士であり、創造力も豊かであった。昭和十七年に陸上交通調整運送法が公布され、その施行に伴い、同業の車偏《くるまへん》関係の国鉄、私鉄、私バス等の労組との折衝が増加したが、その際の東交側の委員長格が飯塚氏、私が会計の立場でよく同伴したものである。いつも私が助手の役回りであったので、彼をあんちゃんと呼んだり、作者不詳のあだ名である十本先生と呼んでいた。持病の喘息からゴホンゴホンと咳をしていたことから、だれ言うとなく十本先生がニックネームになったのである。

都市交通関係組合の出張先で。
十本先生こと飯塚氏らと。

昨年決戦投票で破れた岡本氏が都市交通労働組合連合会の委員長に選任されていたため、電車部としてはこの飯塚氏を東交委員長の候補者として推薦を決めていた。電車部だけではなく、他の部からも正義の士と称えられていたから候補者としては申し分なかった。持病の喘息も好きな演説を始めてしまえば咳がピタリと止まるから不思議である。演説が特効薬みたいであった。河野氏と碁盤を囲むことがよくあったが、負けるか勝つかの瀬戸際でも、今夜演説会があるからと声がかかれば、待ってましたと飛び出していく。囲碁より演説の方が楽しかったらしい。

あるとき飯塚氏は南千住支部の年次大会に招かれた。彼は当時電車部長で、影のようにお供したのはいつものように私であった。途中、「田村君、今日の演《だ》しものは何にしようか」と、これから義太夫か浪花節でも唸りに行くかのように問いかけてくる。どんな演《だ》しものにせよ、こちらは耳にたこができるほど聞かされているのである。聞く身にもなってもらいたいと思ったことも一度や二度ではない。

演説好きの好人物、飯塚氏を東交の執行委員長に押し上げるには幾多の難関があった。まず、何をまかせても人後に落ちない河野平次氏を降ろさなければならない。能力を認められながらも所属部の人員が少ないために不運をかこったこの人物が、やっと委員長のポストに着いてまだ一年しかたっていない。これが大変な難関であることは目に見えている。ネコに鈴を付けるならいざ知らず、ライオンに鈴は簡単には付けられない。思案の挙句、電車部電車部と叫ぶ信念の闘士、柳田豊茂氏に説得を頼むことにした。当時私は会計を担当していたので五千円を渡し、正式にはあとで交渉資金を捻出するから、電車部を代表してひとまずこれで一杯傾けながら打診してみてくれと頼んだ。柳田氏は二つ返事で引き受け飛び出して行った。二時間ばかりして帰ってくると、「オイ会計、お釣だ」と、怒ったように二千円を突っ返してきた。信念の闘士の神通力も容易に通じなかったとみえる。彼は首を横に振り、「これはむずかしいぞ」と言うだけで話にならなかった。委員長は電車部だと涙を流すほどの信念家だから、引き受けた以上さぞかし名案でもあるのかとあてにしたが、この闘士は談判の折衝技術に欠けていた。

そこで今度は車庫支部長浜田藤次郎氏の老練な手腕に期待して、彼に事情を話した。長老は私の頼みを聞き入れてくれたのか、ゆっくり話し合いのできそうな場所を用意しろと言う。ただし、粗末な場所ではなく、気持ちよく、くつろいで話せるところだぞと念を押された。委細承知と、新宿三丁目、要《かなめ》通りの古い暖簾《のれん》のすき焼き屋、割烹丸中を使うことにした。この店は常々国鉄や私鉄などとの懇談会で利用していた店である。丸中は戦後いち早く改築され、宴会や商談にはおあつらえ向きの庶民的な店であった。

この二階十二畳を借りて河野氏を迎え、浜田老ともども平身低頭、電車部の要望通り委員長交代を哀願した。電車部が前年、河野氏を委員長に推薦しておけば口上もスラスラ出ようが、岡本氏との決戦投票という気まずい思いをさせただけに、厳父にものを言うせがれのごとく、恐る恐る噴火口を覗く及び腰で臨まざるを得なかった。浜田老は世事にたけた人物ゆえ、きつい場面も何とか取りなそうとしていた。私の方は浜田老の宿り木で、すべておんぶにだっこ、ただ河野氏の目や唇がほころびてくれないかと祈りながら、様子をうかがうばかりであった。心臓が異常をきたしたのか、動悸が波を打っている。何しろ相手は猫族でも家猫とライオンほどの違いがある。鈴を付けようにも手が震え、持った盃も飲まないうちにこぼれる始末だった。このおっかない体験を電車部の幹部は知るや知らずや、是非彼等も体験してほしいと思った。当の飯塚氏は、部の決定だ、当然おれが委員長だと、縁の下の力も知らず、すでに委員長になった気でいた。いやな役割を背負ったものだ。愚痴をいわせてもらえば、何ゆえ東交はオープンに代表を選べないのかと首をうなだれた。

河野氏はやおら座り直し、こちらに眼を向けた。途端に私のまぶたが閉じて耳の穴だけが大きく広がった。「君達の言うことはよくわかった、譲るよ」と、ただ一言。さすがは大物、それっきり何も言わず語らずだった。言いたいことが山とあったろうにと、その心中が察せられた。河野氏は酒とともに全てを飲み込んで丸中を出た。浜田老は車まで送り、私はその後姿を一雫《ひとしずく》の涙で拝《おが》んだ。

　その翌日、電車部に事の次第を報告した。これで第六回定期大会の最高人事は決まったも同然だった。飯塚氏は、「田村君、君は今度は電車部長だ」と晴れやかに言う。河野氏説得が、突き出し鉄砲さながらところてん式に、私が飯塚氏の後釜に座るための工作であったとも受け取れる発言だった。そんな考えで説得する

昭和25年東交第6回大会。

くらいなら、自ら委員長に立候補するよと言いたい気分であった。

飯塚委員長が就任し、当該年度の活動は支障なく終了の運びとなり、早一年が経過しようとしていた。第七回定期大会が迫ってくると、電車部は飯塚氏の委員長再選を目差した。私は飯塚氏の予想通り電車部長に就任していたので、その立場からも、再選の十字架を再度背負わざるを得なかった。一方河野氏は、当然のごとく委員長復帰に意欲を燃やしていた。今年は去年同様の手段で行くか、別の方法をとるか思案の末、力でいくより仕方がなかろうと結論を出した。力でいくには自動車部を頼らざるを得ず、同部の部長萩原信治氏とその一党に協力を要請した。いろいろ御意見を拝聴したが、協力を取り付けることに成功した。

この工作をどこに張ったアンテナで知ったのかある日、河野氏に呼び止められた。すでに盃を幾つか重ねた後らしく、お冠の心中がアルコールの勢いで顔面に押し出されていた。委員長問題で何か言われるであろうと覚悟を決めた。自動車部への裏工作で後ろめたさもあり、気の毒に思う心も同居していた。

河野氏は東交会館の管理人、竹谷さんに命じてビールとお新香を取り寄せ、これをつまみに核心に触れてきた。「去年は礼を尽くしてくれて嬉しかったが、今年のやり口は何だ。田村君ともあろうものが、さあ力で来いという態度は納得できない」と怒気いっぱいの態。貫禄の違いもあって返す言葉もなく、親父に小言を聞かされる子供のように、上目使いに顔色を窺いながら、返す言葉をまさぐった。申しわけなさにやっと発した言葉も一言半句さかなにされ、夜八時ごろから翌朝五時までつるし上げられ、身も世もない一夜を明かした。

こんなひどい思いをしたとはつゆ知らず、わが飯塚委員長は例の鯨ヒゲを逆なでしながら、長生きしそうな顔つきで、またおれが委員長だと、わが世の春をうたっている。

昭和二十六年の第七回大会は、こうして飯塚委員長再選に終わったが、縁の下の役割がいつまで続くのかとしばし腕を組んだ。

この二十六年も前年に続いて事件の多い年であった。追放されていた三木、石橋を始め六万八千九百六十名が六月に追放解除となり、続いて八月には第二次として、鳩山一郎以下一万三千九百余名が解除された。そのほんの少し前の七月十八日、朝鮮戦争休戦会談が開かれ、三十八度線が誕生した。社会面では労働者側も衝撃を受けたにせ三越労組による四十八時間ストがあった。東交の盟友、京都市電がストに突入したのもこの年で、東交第七回大会直後のことであった。わが東交は作業給改正闘争の準備段階にあり、われらの砦総評は、マーケット・バスケット方式という科学的賃金綱領のアピールに努めていた。

## 第五十二章　河野執行部から飯塚執行部へ
## ――演説が飯より好きな十本先生

# 第五十三章　作業給与改定闘争

飯塚委員長任期中、当局の事業の進展に伴い、東交労働者諸君の要求は広がりを見せ、処理すべき案件も山積みとなっていた。試みにその幾つかを、変わり行く外交、政治、社会各方面の特記すべき出来事を背景に、記録してみることにする。

昭和二十七年四月二十八日、サンフランシスコ条約発効とともに安保条約も発効。同年十一月には米大統領選挙が行われ、共和党のアイゼンハワー元元帥が当選した。国内の政治に目を転じると、同年七月二十一日、破壊活動防止法が公布され、即施行された。そして同月三十一日、労働三法改正案が成立。続いて十月一日、地公法及び地公労法実施。同月十五日、警察予備隊を保安隊に改組。この年に行われた衆議院総選挙では社会党が躍進する一方、共産党は全敗した。東交が推薦した社会党の候補者で当選したのは第一区原彪、第三区鈴木茂三郎、第四区帆足《ほあし》計、第六区島上善五郎、第七区山花秀雄の諸氏である。そして十月三十日、第四次吉田内閣が成立する。

組合関係では、五月一日、第二十三回メーデーが行われ、宮城前人民広場騒擾《そうじょう》事件が勃発し、都労連労組員高橋正夫君が射殺された。

世情騒乱の中、東京労働金庫が設立され、これに東交が加入する案件をめぐって、かつまた雇

昭和27年血のメーデー事件。
（毎日新聞社刊行『1億人の昭和史』より）

傭員退職死亡給与金改正をめぐって闘争が組まれ、妥結があった。

　同じ年に東京都に導入されたトロリーバスについてもここで一言触れておこう。近代交通機関の一つとして当局が初めて営業を開始したのは昭和二十七年五月二十日であった。トロリーバスは一八八二年ドイツで猟用車として試用されたのを嚆矢《こうし》とし、その後イギリスが一九一一年に実用車として採用。わが国では昭和七年（一九三二年）四月一日京都市が、四条大宮町から西大路四条までの延長一・五五キロに敷設したのが始まりである。東京都においては大正十一年三月、神宮表参道に敷設すべく監督官庁に申請したが、翌十二年に起こった関東大震災によって計画は立ち消えとなってしまった。その後昭和八年に江東方面に施設しようとしたが、認可に至らなかった。戦後再び計画が進められ、前述の通り昭和二十七年五月二十日、今井橋―上野間十五・五三七キロが開通し、今井トロリーバス営業所が新設され、これに伴い東交今井支部が結成された。続いて三十年六月一日、池袋―千駄ヶ谷間に開通し、この路線の営業所として戸山営業所が開設され、同様に東交戸山支部が結成された。

当局が路線バスや路面電車の代用ともいえるトロリーバスの敷設に踏み切った理由は幾つか挙げられる。戦後自動車が増加の一途をたどり、さなきだに狭隘《きょうあい》であった都内道路がますます輻輳《ふくそう》を極めたこと。路面電車の拡張は、道路事情のみならず建設費の面からもはや限界に近いと判断されていたこと。しかし都営地下鉄やモノレールの建設も計画されていて、将来の大東京への発展に備え、一方では根本的な輸送対策も検討されていた。

再任された飯塚委員長の任期中の最重要問題は作業給改定であった。昭和二十三年十一月以来据え置きとなっていた作業給改定問題が東交年度大会に上程されたのは、昭和二十六年十二月十六日のことであった。

交通労働者の賃金体系は、一般公務員の基準給与の他に、業種特有の作業給その他諸給与をプラスして初めて正常なる賃金が確保されるのだと、大会は結論付けていた。これに基づき東交は翌二十七年一月十七日、執行委員会で作業給改正対策委員会を設置することになり、飯塚愛之助、河野平次、萩原信治、中山一、田村徳次、浜田藤次郎、日原薫、府中金義、金子平次、有光栄一郎の十名が委員に任命された。

大会翌日の十八日、東交は作業給改定の大綱について次のような要請書を当局に提出した。

一、スライド目標額は現行給与ベースの四％とする。但し標準稼働とする

二、実施時期は昭和二十六年十月一日以降とする

他方、対策委員会はこの大綱に基づき要項を決定し、二十七年二月十九日の執行委員会並びに中央委員会に付議し、引き続き各職種別骨格案の作成に取りかかった。この骨格案の作成は、各委員がどうしても所属部門の職種を重しとしがちなため難航し、結局東交三役に一任せざるを得なかった。これを受けて三役は慎重に討議し、同年四月十五日、原案を執行委員会で再審議し、微調整を施した上で交通局に提出した。

かくて五月十二日以来執拗な交渉が進められたが当局は、二十七年度は三人乗務手当等予期せぬ支出があったことを理由に、作業給に充当できる財源は年額四千万円程度で、この限度で給与に凹凸があれば是正したいと回答するに終始した。

しかし度重なる交渉の結果、限度額はじりじりと上がり、八月末になってやっと一億円の線が出た。組合の要求額二億四千万円には遠く及ばないが、当局の財政事情や大阪を初め五大都市の

市電の給与からみてこれで妥結して、早期解決を図るべきだと結論し、同年九月十一日執行委は中央委員会にかけ承認を得た。

その後執行委員会は九月十六日に細目協定並びに遡及支給の方法を決定し、当局と交渉。同月十九日に至り、当局と作業給増額分の遡及精算協定が成立した。

しかしこれで全てが決着したわけではなかった。作業給年額総支出額一億円は基準稼働の枠内であるのかどうかをめぐって討議は紛糾した。当局は超過勤務手当を含めて総額一億円であるとし、うち基準稼働枠内の資金は七千三百万円程度になるとの見解を示した。これに対して組合側は枠外に当たるのは純超過勤務手当のみであるとし、枠内九千万円、一人平均六百五十円を至当とするとした。双方の見解の相違も同年十月四日以来の度重なる折衝で、組合の主張を多分に取り入れた線に落ち着き、ここに作業給改定細目協定並びに作業給枠内基準額決定に関する協定が成立した。

もう一つ東交にとって問題であったのは乗客手当と走行キロ手当問題である。幾つもの系統のうちには乗客の多い系統と少ない系統が出るのは当然である。乗客の多い系統は乗客手当が伸びるが走行キロ手当は伸びない。これに対して乗客の少ない路線は正反対の結果となる。

資本主義体制下では公営企業といえども能率第一主義があたりまえである。それに対して労働組合は労働と収入の均衡を図ろうとする。組合といえども社会に対する責任ある法人であり、雪の日も風の日も、朝も夜も、都民の足を守る立場にあり、従業員個人の利益に左右されてはならない。乗客手当目当てにのろのろ運転をされても困るが、さりとてキロ手当を稼ごうと超スピードで突っ走られても困るのは当局と同じである。団子運転の排除と待たずに乗れる均等間隔での走行は双方の願いであった。

この両手当制度を両立させるべく計数的能力を発揮したのは飯塚氏であった。この功績には心から敬意を表したい。市街併用軌道とせざるを得ない他交通事業に従事する人々によき手本を残したと言えよう。交渉過程において当局の理事者と飯塚氏では、細目について主張に相違があった。特に乗客手当について理事者側は二千円の水揚げに対して幾ら、四千円の水揚げに対して幾らという段階的手当を提案したのに対し、飯塚氏は水揚げ最高額を基準とする精算方式を提案していた。しかし結局この点については理事者の見解に合意し、決着をつけた。

# 第五十四章　日本社会党左派新宿支部創設

戦前から政治組合とあだ名された東交は、飯塚氏が委員長のイスに座ってから一層政治色を濃くしていった。飯塚氏はたびたび私を呼び出しては政治教育に努めていた。たとえばこんな風である。「政治は生活だぞ。よき政治はよき生活を生む。よき生活を欲するならよき政治を行わせることだ。従って、今度の闘争においては、ときには組織エネルギーの八〇％を政治に注がなければならない」と。彼の示唆教導や、島上、河野時代から続いている東交の政治活動に染まって、いつとはなしにその気になり、加えて電車部長という肩書きも気になって、いささか勉強もした。

昭和二十六年社会党は左右に分裂した。私の住む新宿区には右派の支部は存在したが、左派の支部はなかった。そんな折、東交の政治活動が盛んなることを知った牛込袋町にある犬猫病院の獣医、山本茂氏が訪ねてきて、社会党左派新宿支部を創立することになった。東交というレッテルがものを言ったのか、おだてられただけだったのか、私が支部長となり、副支部長には、絶大な協力をしてくれた全金属シチズン時計労組委員長、高山勘治氏、書記長には山本茂氏が就任した。この支部結成が私の運命を変えるきっかけになった。こうして支部結成大会が牛込公会堂（現在の生活館）で行われた。その日の議長は故浅沼稲次郎先生の友人で、早稲田大学の関係者、佐々

電車部長として答弁中の私。

副支部長、高山勘治氏の区議会議員選挙で。
同氏は後に全金属の委員長に転出した。

城貢氏であった。祝辞に来駕されたのは、当方の希望もあって勝間田清一代議士であった。

もとより私は末は議員を志す秘書や政党の書記ではない。いわんやエリート意識など持ち合わせない一労働者あるいは在野の人間である。市政から都政に移行する過程で弾圧に喘いできただけに、弱者の味方は日本社会党なりと信じ、同党が組織を拡大して、近い将来、社会党政権を樹立することをひたすら願っていただけである。

看板は掲げても資金のない支部の運営には身銭を切らなければならない。自宅を支部事務所として開放し、選挙を始め日常活動の拠点にした。妻や子供達には窮屈な生活を強いたものだと思う。

新宿支部結成に当たって当面の緊急課題は、昭和二十七年十月一日の総選挙で第一区から出馬する原彪氏を当選させることであった。原氏は現代の良心とまで言われ、尊敬された学者である。当時の第一区は台東、文京、千代田、中央、港、そしてわが支部のある新宿の六区で構成されていた。候補者は各党粒ぞろい。社会党では原氏の他に浅沼稲次郎、保守党では台東区をバックとする安藤正純、文京区の鳩山一郎などが立候補していた。こうした強豪を相手に勝利を収めるため

衆議院議員選挙で原彪氏の応援演説をする私。

には早急に、職場にも社会党支部を結成しなければならない。幸い、電車大久保支部には副支部長の佐山邦三郎氏がおり、その強い力添えによって、左派新宿支部の総党員数はたちまちのうちに四百名を超えた。当時の支部書記には児玉直文氏、新貝修氏がいて、党勢拡大はもとより、選挙に至っては献身的な努力をしてくれた。こうした努力が実って、原彪氏は浅沼氏と並んで当選の栄誉に浴することができた。

この余勢を駆って、教育委員にも当選者を出そうと、候補者探しに奔走した。教育委員も選挙で選出された時代である。結局、山本書記長の友人で戸山ハイツに住む獣医さんを立候補させた。そこで困ったのが背広である。何せ戦後の欠乏時代である。衣料はおろか食糧にもこと欠く時代。まして候補者となった獣医さんは海外からの引揚者で、生活は困窮を極め、着衣のほとんどは入質され生活費の糧になっている。

都知事選出馬の有田八郎氏。同時に行われた都議選出馬のわが選挙事務所前で。

裸で選挙を闘うわけにもいかず、支部長である私の懐から四千円出して、質屋から背広などを受け出した。

しかし活動費がない。大久保支部の佐山副支部長に相談すると、ありがたいことに職場の労組員からカンパを集めてくれた。しかしこうした努力のかいもなく、落選した。

そうこうするうちに昭和三十年四月の地方選挙が近づいてきた。まず都知事選が行われ、保守の安井誠一郎氏と社会党公認の有田八郎氏の一騎打ちとなった。当時の社会党委員長鈴木茂三郎氏が、かすれた声をふりしぼり熱血ほとばしる獅子吼《ししく》で演説する端々が今なお耳に残っている。しかし結果は安井氏が百三十万九千票と、保守層の牙城の堅いことをまざまざと見せつけ当選した。しかし破れたとはいえ、有田氏も肉薄し百十九万一千票を獲得した。この選挙で有田夫人輝井さんの献身振り、心尽くしの数々を目の前にして頭が下がる思いであった。後に二人は離婚し、輝井夫人は元の畔上輝井に戻り料亭「般若苑」の経営に専心する。作家三島由紀夫氏が昭和三十五年に二人をモデルにした『宴のあと』を中央公論に連載し、これを単行本として刊行した新潮社と三島氏を相手に有田氏が、プライバシーの侵害を争点に提訴したことは記憶に新しい。

次いで行われた四月二十三日及び三十日の地方選挙に東交は、組合員から都議会議員候補者八名、区議会議員候補者六名を推薦し、本部に選挙対策委員会を設置した。またこれに留まらず東交は、都労連、関東交通、地評の推薦候補並びに左派社会党公認の各候補者をも組織外推薦候補者とし、都議候補二十二名、区議候補十三名、町議候補六名を推薦した。

# 第五十五章　大物とともに東交を去りぬ

この選挙に先立ち、飯塚委員長は私を呼んで、都議会議員立候補を慫慂《しょうよう》した。「君も社会党新宿支部長である限り今度の地方選挙を見送る手はない。是非立候補してほしい。ベストを尽くして当選の栄を勝ち取り、相携えて都政改革、なかんずく独算制の枠内に閉じ込められた一万五千の都交通局員を解放しようではないか。そのためには市政から都政に変わっても脈々と続く悪習、陋習を排除し、労働者に押し付けられたしわ寄せを押し返そうではないか。議員になったとしても都議会に派遣された執行委員と思えばよいではないか。君も一緒に立つのだ」と説教された。

東交労組に在籍して、陣笠執行委員を長らく務めれば委員長になる夢もある。しかしこればかりはトコロテン式に先が出て行かない限り番は回って来ない。十数年に及ぶ陣笠を振り返ってみれば、委員長選出劇あり、お守り役あり、あるときは叱られ、あるときは怒鳴られた身なれば、議員よりも委員長就任に欲が出ても文句はあるまい。一度は働く者のために大衆を動かしてみたかった。これも俗臭あれも俗臭なれどとしばし腕を組んだ。そんな思いにかられながら黙していると、飯塚氏はまた言葉を継いだ。「組合に張り付いて労働者を守るだけが社会運動、労働運動ではない。東交が組織されて以来、政治による弾圧、中立であるべき警察の反動的暴力は枚挙に暇《いとま》がなかったではないか。職場に支部をつくり、これを党員協議会にまで発展させたのは、政治の面で労働者に降りかかる火の粉をたたき消すためだ。社会党を唯一無二の働く者の政党と信じてきたのなら、この際立候補して党勢の拡大を図り、よりよき社会党にはぐくみ育てることだ。それが東交はおろか日本の労働者階級のため、ひいては祖国日本の平和を築くことにもなるのだ」と滔々としゃべりまくられ、立候補の決意を迫られた。

調子にのってきてだんだん演説口調になってくると、咳も遠慮してか一向に出ない。もうそろそろ終わりかなと思ったらまだ続きがあった。「西郷隆盛はな、児孫のために美田を買わずと言った。が、それは私事だ。政治にあっては大衆が平和裏に生きるためには美田を残さなければならない。国民大衆の今の生活を見ろ、百円を笑う人よりも百円に泣く人が如何に多いか。これをよき政治を行うことによって解決し、さらに次代を担う後輩、子弟に平和にして豊かな国土を残すのだ。これこそ今を担うわれわれに課せられた任務である」と例のバリカン髭を逆なでして力説する。説教演説が一段落すると、ここまで耐え忍んでいたのか、待っていたように龍角散の宣伝のようなゴホンゴホンが出て、体を揺るがせていた。

この熱意にほだされて心が動き立候補を決意。瞬間、私の人生が思ってもみなかった方向に転換した。本部並びに地区選対がフル回転し臨戦態勢が整えられていった。こうなるともう後戻りはできない。都政の勉強もおろそかにはできないと、まず現在の都政を解剖することから始めた。当時都庁の新聞、「都政新報」は今は亡き間島寛氏が主幹で、その下に都庁職員であった小俣伸氏と松原氏がいた。二人とも頭脳明晰であったが、レッドパージで職を追われた。この二人が著わした小冊子はよき教科書となった。中身は「都政七不思議」と銘打った批判書である。七不思議の幾つかを挙げると、例えば、都庁第二庁舎と新橋間の高速道路下のショッピングセンター建設問題がある。消防、防災上からみても、また市街地の美観からみても、それらを犠牲にしてまで堀を埋め立てる必要があったのか。これによって三十間堀を始め、幾筋もの入り江や運河が埋没した。しかも地下には特定の人物が利益を得るように映画館の建設まで容認している。この他に、産業会館建設にまつわる疑惑も取り沙汰されている。一等地を安く払い下げ会館を建設させ、しかもその建設費まで東京都が貸しているという摩訶不思議。また、ゴルフ場建設もやり玉に挙げられている。世田谷区用賀の広大な都有地をゴルフ場にと東急に用だてたり、東雲《しののめ》ゴルフ場建設にまつわる疑惑の数々。しかし安井知事は議会答弁で、ゴルフは健全な娯楽なりと答えることに終始した。その時代、一般大衆はゴルフに興じることなど夢のまた夢で、ごくごく一部の特権階級の遊びであった。この事件はその後訴訟にまで発展した。そして都政を知る人々の眉をひそめさせたことに、有楽町ショッピングセンターを初め渋谷駅前地下商店街の運営管理会社には知事の側近を始め都庁高級官僚が天下りしていた。伏魔殿東京都庁と悪名高き謂《いわ》れ、信用低き理由は存在していたのである。

政策面では、社会党が掲げる住宅、交通、水道の建設、運営、料金についての諸提案、及び清掃に関する具対策、並びに中小企業の育成に至るまで速成栽培よろしく頭に叩《たた》き込んだ。

こうして曲がりなりにも候補者として訴える種を胸に抱き、口に含んで選挙戦に打って出た。当選するなどとは夢にも思わなかった。どうせだめだろうと世間も見ていたようだが、投票箱を開けてびっくりしたのは当選した当の本人であった。各選挙区から寄せられた当選者の得票数は次の通りであった。

都議会議員当選者

| 選挙区 | 氏名 | 得票数 | 順位 | 定数 |
|---|---|---|---|---|
| 品川 | 河野平次 | 一二、二九三 | 三 | 五 |
| 北 | 飯塚愛之助 | 一七、四四九 | 一 | 五 |
| 杉並 | 中山一 | 九、〇三九 | 四 | 六 |
| 新宿 | 田村徳次 | 一二、〇七八 | 二 | 五 |
| 新宿 | 中島喜三郎 | 九、〇二二 | 五 | 五 |
| 荒川 | 柳田豊茂 | 九、五三三 | 三 | 四 |
| 港 | 佐野進 | 一三、〇三二 | 一 | 四 |
| 足立 | 加藤千太郎 | 一六、八六二 | 一 | 五 |
| 渋谷 | 北田一郎 | 一七、四四三 | 一 | 三 |

区議会議員当選者

| | | | | |
|---|---|---|---|---|
| 荒川 | 若生軍治 | 一、六三九 | 六 | 四四 |
| 杉並 | 芥川清 | 一、四六三 | 二九 | 四八 |

中野　千田勝三　一、一五九　三六　四〇
江戸川　山田秀次　一、五〇五　一六　三七

以上のようなまれに見る好成績に、東交本部は支持政党社会党とともに凱歌を挙げたのである。この勝利は東交が政治を重視して、多年に亘り各種各級の選挙に熱意を込めて闘った結果であった。また戦前戦後を通じ本部の指導のもとに、全組合員一人一人が、日常の経済生活に政治が如何に深くかかわっているかを認識した、自覚の闘いであったことを物語る記録でもある。

選挙のために延び延びになっていた東交第十一回大会は、昭和三十年五月三十日及び三十一日の両日に渡って開催され、新委員長に自動車部長兼東交副委員長の萩原信治氏が満場一致、拍手鳴り止まざる中、選任された。萩原氏は先の地方選挙で総指揮を執り、勝利に導いた功労者であった。

私を含め当選した八名は、この大会を最後に、感謝状と金一封を授与され送り出された。志望も夢想もしなかった都議会議員という社会的地位を与えられて組合を退く幸せ者だが、その瞬間、複雑な思いが交錯し、まぶたが熱く濡れた。残り七名の心境は如何ばかりであったろう。その中で飯塚氏だけは喜色満面、凱旋将軍のごとく意気揚々と錦を飾って故郷へ帰る袖袂、雁の翼で春霞のかなたへの風情であった。私は地方選挙のつむじ風に巻かれ、大物の河野、飯塚両氏の風に誘われて、落ち散りし秋のさびしさの俤《おもかげ》を残して東交を去ったのだった。時は昭和三十年（一九五五年）五月三十一日の夕べ、齢すでに五十四年を積み重ねていた。

連続当選を目差した昭和34年都議会議員選挙。うぐいす嬢は二女、美枝子。
選挙事務所は自宅前の勝山印刷を借り受けた。

# 筆を擱くにあたって

悲喜こもごもの七十余年を歩んできた道を振り返ってみると、あるときは泣き、あるときは怒り、そしてあるときは悲しみと、愚痴や口説きが紙面に躍るばかりで、笑い喜ぶ日は少なかった。そして老いて人生の終着駅で彷徨せざるを得ないのは、果たして前世の宿業ゆえか、あるいはもっぱら個人の努力不足のせいか、あるいは政治や社会の有りように起因したのだろうかと思いをめぐらすと、その原因の多くは政治や社会が負っていると思わざるを得ない。今八人の孫を持つ老爺と化して、振り返った自分の道を、叶わぬ夢と思いつつも再度孫達に歩ませたくはない。その孫達もやがては老いる。だれもが避けて通れぬのが老いの道である。ならばせめて息切れしないようにと全国高齢退職者会の諸賢と共に頑張り続けている。一九七九年九月十四日、九・一五全国高齢者大集会が千駄ヶ谷の都立体育館で開かれた。参加者は一万余人と例年にない盛況であった。この盛況振りこそ、国政も地方政治も老人に厳しいという現実を反映している。自民党は財政困難を理由に、日本的福祉と銘打って、福祉は家庭でやれ、政府をあてにするなとほざき出した。すなわち福祉全般の切り捨てを豪語している。ここで抵抗しなかったなら今の老人はおろか将来の老人も働くだけに終わる機械となってしまう。老いてからでは間に合わない。老人の社会はさびしいものである。

今の社会は核家族化が進行している。ならば子供達には迷惑のかからないようにと、墓の用意のためここ数年諸所を行脚したが、三百万円なければ死ぬこともできないのが現実だった。わずか半坪の墓地を求めようと思案の挙句、妻の勧めで、私の菩提寺である群馬県安中市郷原の自性《じしょう》寺《じ》にある祖先からの墓地を改造することにした。縁起をかつぐ人からは改造はやめろと言われたが、喜寿の年なら差し支えないと言われ、一九七八年に造り直して入居できるようにした。その年の十一月十二日、開眼の法要を行うことになって、寺に預けておいた遺骨を受け取った折、記憶にない仏が二つ出てきた。驚いて改造の手配でお世話になった甥に尋ねると、その二体は、子供と大きな大人の骨で、小さなみそがめにバラバラに入れられていて、付近に骨壷が捨ててあったという。改造前の墓は入口が小さかったため、そのみそがめに入れ換えて押し込んだものらしい。遺骨の処分に困った人の仕業《しわざ》であろう。まさに死んでも住宅難を訴える象徴であった。思案したが、この哀れな遺骨を放り出すわけにもいかず、無名無戒名のまま、私より一足先に入れることにした。

入る墓がないといった事例は、六十五歳以上の老人が一千万人をこえる今、そこかしこに潜在しているであろう。日本もいよいよ高齢化社会を迎える。昭和六十年には約十人に一人が六十五歳以上の老人となる。昭和五十年に比べると老人は三四%も増えるのに、十五歳から六十四歳までのいわゆる労働人口は七、八%しか増えない。何人の働き手で一人の老人を養っているかを示す老年従属人口指数で表わすと、昭和六十年は六・九人、七十五年（二〇〇〇年）は四・六人でそれぞれ一人の老人を扶養することになる。そして西暦二〇二〇年になると三・三人で一人の老人を養わねばならない、世界のどの国も経験したことのない高齢化社会に突入する。識者の指摘によれば、こうした人口高齢化に対処するために、第一段階として、六十五歳までの中高年齢者を積極的に雇用させるべく企業に六十歳定年を義務づける。そして肝心の社会保障は、年金支給開始年齢を六十歳から六十五歳へ引き上げる、いわゆる中福祉高負担化の道を目指しているという。

国民が求めたわけではないが解散総選挙の日程が間近に迫ってきた。こうした政策を改めさせる有効な手段は何と言っても選挙である。選挙後の生活がどうなるのかを予測した上で一票を投じるべきであることは言うまでもない。今回の総選挙では航空機疑惑の被告達や灰色高官が六人も立候補してその厚顔振りを発揮している。当選すれば免罪符を得たりとばかり、自民党独裁をいいことに、一般消費税の導入も実行に移すであろう。選挙は、挙げて有権者自身の選択にかかるわけだが、是非ともこの選挙で、八〇年代の革新政治を確立すべくその礎《いしずえ》を築いてほしい。そして国民生活の安定、特に増え行く老人問題を政治の第一課題として、人間性を以って真剣に討議し、生きがいある人間社会、万人不偏の方策を立ててもらいたい。めぐり来たった国際児童年の今年を契機に、聞こえてくる二十一世紀の足音に耳をそばだて、これからの子供たちに平和にして豊かなる国土を、そして世界に誇りうる平和人をはぐくみ育てる社会をと祈りつつ筆を擱く。

一九七九年　十月七日　脱稿

# あとがき

動物には卵生も胎生もある。一般の胎生動物は袋をかぶって生まれ、その袋を他力あるいは自力で破り、大気に触れると赤裸になる。万物の霊長と自称する人間も赤裸で生まれ、その瞬間から他力によってベールに覆われる。そして長ずるに従って自力でベールを更新していく。人間の価値は棺に釘を打ったときに定まると言うが、その生前を評価するには地位、門地、門閥、職業を不問に付し赤裸にすべしと思って書き始めた。本文では他人を赤裸にしているのだから自分もと、興にのって己の裸を鏡に映してみたが、余りにも醜い。赤裸々なるは過ぎたるがごとしと思い直し、表現に単衣を着せるため、何と三回も書き直した。

続けて稿を起こすべく都議会編においては、公営交通運賃改定、戸山ハイツ建てかえなど三期に亘って取り組んできた諸問題、東南アジア、欧米と二回に渡る視察を中心に筆を進めることになろう。乞うご期待。

# 田村徳次略歴

明治三十四年三月二十日生れ

大正三年　群馬県碓氷郡原市町立高小卒

同十一年　東京都電気局電車課勤務

昭和十二年　日本無産党入党

同二十一年　東京都主事　交通局勤務

同二十二年から二十九年まで東京都交通労働組合執行委員

同二十四年　日本社会党中央委員

同二十七年　同党新宿支部長

同二十九年　都労連西部地区協議会副議長

同三十年　都議会議員当選。交通水道委員、主税委員長

同三十三年　社会党都議団副幹事長

同三十四年　都議会議員再選。衛生経済清掃委員

同三十五年　交通水道委員長

同三十七年　総務首都整備委員

同四十年　都議会議員三選。住宅港湾委員

同四十一年　会計決算特別委員長

同四十三年　衛生経済清掃委員長

同四十六年　勲五等瑞宝章受章

# 刊行に当って

著者は生前に本書を出版すべく準備を進めていたが、昭和五十六年、突然脳梗塞で倒れ、その後半身不随のまま昭和六十年六月二十九日、他界した。戒名は宥憲院政徳定道居士、数えで八十五歳であった。

著者は「笑い喜ぶ日は少なかった」と後述しているが、どうしてどうして、組合運動の狭間狭間には近松の世話物あり、西鶴の浮世草子ありの挿話の数々、存分に楽しい人生を送ったことが偲ばれる。

私が幼きころ、著者は眼を覚ますと同時に、掛け布団を次々にはがし回って子供たちをたたき起こしては朝一番の掃除に邁進し、帰宅して風呂に入れば着ていたワイシャツの洗濯と、四六時中動き回って留まることがなかった。当時も今も、いったいあのエネルギーがどこから湧き出てくるのか不思議でならない。それだけに寝たきりになった晩年の三年半には涙を誘うものがあった。しかしそれを除けば、こけつ転《まろ》びつ、へんぺい足を駆り立てながら、これだけの人生を送れた者はそうざらにない。

本書は、衆議院速記官であった著者の娘婿、相澤荘一氏が編集を手がけたものを基にしている。

相澤氏は昭和五十九年、著者が鬼籍に入る前年、本書の編集を終えた後、病魔に冒され、他界している。享年数えで五十四歳であった。本書が刊行にこぎ着けた謝辞と共に、ご冥福を祈る。

田村　將宏

平成一四年八月

●写真提供

東京都交通局
毎日新聞社
都市整図社

●編集協力

株式会社オーエルエー
相澤荘一

でんでこでん　都電エレジー

2002年8月15日　初版第1刷発行

著　者　田村 徳次
（著作権者）相澤 恵子／田村 將宏
発行者　瓜谷 綱延
発行所　株式会社　文芸社
〒160-0022　東京都新宿区新宿1-10-1
電話　03-5369-3060（編集）
03-5369-2299（販売）
振替　00190-8-728265
印刷所　モリモト印刷 株式会社


ISBN4-8355-4154-5 C0095